QUELQUES PAGES

D'HISTOIRE CONTEMPORAINE

DU MÊME AUTEUR

FORMAT IN-8°

—

ESSAIS

DE POLITIQUE ET DE LITTÉRATURE

Un volume

—

NOUVEAUX ESSAIS

DE POLITIQUE ET DE LITTÉRATURE

Un volume (sous presse)

PARIS. — IMP. SIMON RAÇON ET COMP., RUE D'ERFURTH,

QUELQUES PAGES

D'HISTOIRE

CONTEMPORAINE

LETTRES POLITIQUES

PAR

PREVOST-PARADOL

PARIS

MICHEL LÉVY FRÈRES, LIBRAIRES-ÉDITEURS

RUE VIVIENNE, 2 BIS

1862

AVERTISSEMENT

———

Les *Lettres* qui composent ce volume ont
toutes été publiées (sauf la dernière, consacrée
exclusivement à la discussion d'une question
de morale) dans un journal hebdomadaire, le
Courrier du Dimanche. Aucune d'entre elles
n'a été l'objet d'une poursuite ou même d'un
avertissement; et, ayant ainsi traversé heureusement la moins libre de toutes les publi-
cités, celle des journaux, elles trouveront
dans la publicité du livre une douce et paisible retraite. Le public les a accueillies sous

leur première forme avec une extrême indulgence ; on nous a même exprimé plus d'une fois le regret de les voir disparaître si vite et de ne les trouver réunies nulle part. C'est ce qui nous a déterminé à les rassembler aujourd'hui et à leur donner, sous une forme plus durable, la chance de vivre un peu plus longtemps.

Chance bien faible, nous l'avouons, sans nous en faire prier et sans en rougir. Certes, on peut citer dans l'histoire des lettres, des écrits de circonstance, comme on les appelle, qui ont jusqu'ici défié le temps et qui, selon toute apparence, feront d'âge en âge l'admiration de la postérité. Mais ce n'est point seulement, comme on pourrait le croire, le génie merveilleux de l'écrivain qui a fait ce miracle ; ce n'est pas seulement le cœur brûlant d'indignation et d'éloquence d'un Pascal, d'un Swift, d'un Junius qui assure l'immortalité de leur polémique ; c'est, de plus, la mâle liberté de leur allure et la vigueur

superbe d'un langage qui n'avait à respecter
d'autres règles que celles de l'art, ni d'autres
limites que le goût du public et la vérité. La
postérité aime à relire de tels écrits, parce
que tout y est clair et fort, que le bien et le
mal y sont mis en pleine lumière, qu'ils se
font entendre aisément de tout homme qui
pense et qu'ils en appellent avec éclat des
injustices ou des folies qu'ils combattent à la
conscience du genre humain. Avons-nous besoin de dire qu'un Français, écrivant au milieu du dix-neuvième siècle, ne peut prendre
sur aucun point ces grands hommes pour
modèles, ni prétendre au moindre de leurs
priviléges? Tout occupé de se faire comprendre à grand'peine de ses contemporains, comment pourrait-il songer à cette force et à cette
clarté qui sont les seuls titres à l'attention de
l'avenir. Il balbutie au jour le jour, non pas
les vérités qu'il croit le plus utiles, mais
celles qu'il regarde comme les plus inoffensives; il ne court pas, comme ces grands

hommes, droit à la plaie pour y retourner le
fer : il l'évite au contraire; et si, par hasard, son doigt l'a effleurée, c'est lui qui doit
trembler et non pas l'adversaire. Sont-ce là
les conditions du grand art, et la moindre
ambition littéraire est-elle permise à ceux qui
essayent, sous des lois si rigoureuses, d'écrire
sur les affaires publiques? Ils peuvent espérer que la postérité les plaindra, ils ne peuvent prétendre qu'elle les admire. Ne nous
faisons point d'illusion vaine ! L'art, parfois
nécessaire, mais toujours humiliant et pénible, d'envelopper la vérité, ne saurait produire une œuvre durable. Il assouplit, je le
veux bien, la main de l'écrivain, et l'on a
même prétendu assez ingénieusement que
l'écrivain devait quelque gratitude à la rigueur du temps pour cette nécessité de s'as-
souplir. Mais on oublie que cette nécessité lui
resserre en même temps le cœur, et lui dé-
fend d'espérer une saine et durable renom-
mée. Oui, je le connais cet art misérable, et

j'en use, quand il le faut, en pleine sécurité
de conscience ; mais j'en sens tout le poids,
et ceux qui me louent parfois de l'avoir pratiqué avec quelque succès ne sauront jamais
combien je le dédaigne, combien je voudrais
être né dans un temps qui m'eût permis de
l'ignorer !

Ce qui peut cependant étendre au delà de
son terme naturel l'existence de ces *Lettres*,
c'est qu'il est possible de les considérer, ainsi
que l'indique le titre de ce volume, comme un
fragment de notre histoire contemporaine. On
y rencontre à chaque page, on peut y suivre,
d'épisode en épisode, des événements qui
durent encore et qui n'ont pas cessé d'occuper l'esprit du public. C'est la marche si in-
certaine et si pénible de l'Italie vers l'unité ;
c'est la redoutable et interminable question
de Rome ; c'est cette dislocation des États-
Unis d'Amérique, affreux revers, si elle s'a-
chève, pour la démocratie libérale, douloureux spectacle pour les âmes généreuses et

pour les bons Français ; c'est enfin l'amélio-
ration trop lente de nos institutions et les tentatives plus ou moins heureuses qui ont été
faites pendant ces deux années pour les élargir, avec le parti pris de ne point se rapprocher
du passé. Tous ces incidents de notre histoire
et de l'histoire du monde sont signalés et
appréciés dans ces *Lettres* à mesure qu'ils se
produisent ; un esprit patriotique et libéral a
inspiré tous nos jugements ; puissent-ils se
rencontrer, tous ou presque tous, avec le
sentiment de nos lecteurs !

Pourquoi enfin est-ce sous forme de lettres, et non pas sous forme d'articles que ces
réflexions, publiées dans un journal, ont sol-
licité l'attention du public? A vrai dire, tous
les articles de journaux sont plus ou moins
des œuvres individuelles, des discours ou des
lettres adressés au lecteur, depuis que la loi
des signatures a établi un rapport direct et
personnel entre le public et l'écrivain. Cette
situation nouvelle était plus nette que partout

ailleurs dans le journal où ces communications périodiques ont trouvé un généreux accueil. Rédigé par des libéraux de toute nuance, accourus à une œuvre commune des points les plus divers de l'horizon, le *Courrier du Dimanche* ne pouvait prétendre à une orthodoxie rigoureuse en dehors des principes essentiels de la démocratie libérale. Cette loyale indépendance de chacun de nous une fois admise et passée en coutume, la loi des signatures, qui laisse à chacun la pleine responsabilité de son œuvre, devenait une garantie au lieu d'être un obstacle; la lettre n'était donc à mes yeux qu'un article plus personnel et plus signé qu'un autre. Je lui trouvais de plus un grand avantage, inestimable dans ce temps de découragement et d'inertie; c'était d'aller droit au lecteur, de le saisir corps à corps en s'adressant nettement à lui, de le forcer à écouter et à penser. Étranger jusqu'alors au public, auquel ces *Lettres* étaient adressées, animé d'un ardent désir d'arriver jusqu'à lui et de l'émouvoir, je ne négligeai rien pour faire sentir au plus distrait ou au moins éclairé de mes lecteurs que les affaires publiques étaient les siennes, qu'il ne devait pas vivre en étranger au sein de la France, que la patrie a droit à notre attention, à notre intelligence, à notre amour. *Tua res agitur* voilà la vraie devise de ces *Lettres*, voilà ce qu'elles répètent sans cesse avec les plus vives instances à ceux de mes concitoyens qui veulent bien les parcourir. Si un seul d'entre eux sort de cette lecture plus attentif aux intérêts publics, plus occupé de l'avenir du pays, plus favorable à la liberté, j'ai fait mon devoir et j'en suis récompensé.

Janvier 1862.

PREVOST-PARADOL.

QUELQUES PAGES
D'HISTOIRE CONTEMPORAINE

— LETTRES POLITIQUES —

I

Des limites du droit de discussion sous le régime actuel.

Monsieur,

Vous m'avez engagé à vous communiquer, tous les quinze jours, les réflexions que peut me suggérer l'état des affaires publiques ; j'y ai consenti, mais non pas sans être justement effrayé des difficultés d'une semblable tâche.

A première vue, quoi de plus facile? Il s'agit simplement de se dire un matin : « A quoi ai-je pensé pendant ces quinze jours? quel est l'évènement qui m'a le plus frappé en même temps que tout le public? Cet événement a-t-il déçu ou confirmé mes espérances? m'a-t-il affligé ou réjoui, c'est-à-dire m'a-t-il semblé contraire ou favorable à ces deux grandes causes également chères et complétement inséparables : l'intérêt du pays, l'intérêt de la liberté? »

Ce sont là des questions qu'il est bien aisé de se faire à soi-même, et, lorsqu'on veut y répondre sincèrement, quoi de plus simple que d'écrire les réponses? Et pourtant, monsieur, cela est si peu aisé, cela est si peu simple, que, si Nestor ressuscitait, il pourrait bien ne pas se trouver à lui-même assez de sang-froid et assez de prudence pour se faire journaliste; à moins cependant qu'il n'écrivît dans certaines feuilles, où il pourrait montrer sans inconvénient l'impétuosité d'Ajax et l'ardeur toujours heureuse de l'invulnérable Achille.

D'où viennent donc ces difficultés? d'où vient ce péril? Faut-il en redire pour la centième fois la cause? Ce n'est pas que l'administration abuse du pouvoir discrétionnaire qui lui est confié sur la presse, c'est tout simplement que ce pouvoir

existe et que cela suffit pour environner l'écrivain
de la plus redoutable incertitude. Je ne veux point
discuter ici l'opportunité ni les motifs de l'institution du régime actuel de la presse ; mais personne au monde ne peut me contredire ni me blâmer, je l'espère, si je fais remarquer qu'aucune
législation antérieure n'a créé pour la presse une
situation analogue, et qu'on n'avait jamais songé
jusqu'ici à lui donner pour juges ceux-là mêmes
dont elle est chargée par nature de contrôler
les actes et de critiquer la conduite. Je ne puis,
monsieur, m'empêcher de sourire en me rappe-
lant que j'ai entendu souvent, pendant ma première jeunesse, maudire les lois de septembre; je
ne les avais point lues, ces lois terribles, qu'on
déclarait alors attentatoires à la liberté de la
presse; mais mon ignorance même me les faisait
considérer avec une sorte de terreur ; elles avaient
de loin pour moi je ne sais quel prestige ; la date
même en était quelque peu sinistre, et, dans ma
jeune imagination, *lois de septembre, journées de
septembre*, étaient bien près de se confondre. J'ai
appris depuis ce temps-là bien des choses, et, si je

n'étais d'avis qu'on ne doit s'agenouiller que devant Dieu, je me mettrais volontiers à genoux pour dire bien respectueusement à quelques personnes qui ont blâmé jadis la sévérité de ces lois célèbres, et qui par hasard se trouvent aujourd'hui en crédit : « Rendez-nous les lois de septembre. »

Mais je dirais une sottise, et elles auraient raison de me refuser. C'est qu'il est impossible d'opérer un tel changement, sans en faire en même temps bien d'autres ; c'est qu'on ne pourrait, selon l'image consacrée, ajouter cette belle pierre à l'édifice de notre Constitution sans en créer d'un seul coup tout le couronnement. J'ai relu cette Constitution il y a quelques jours, pour y étudier le rôle du sénat, et j'ai été frappé de cette expression contenue dans le préambule : « Le sénat est le gardien des libertés *compatibles* avec la Constitution. » Cette expression est d'une profonde justesse ; il y a, en effet, certaines libertés qui ne sont pas *compatibles* avec la Constitution, et la liberté de la presse, telle qu'elle était réglée par les lois de septembre (on voit que nous ne sommes pas bien difficiles), ne pourrait se concilier qu'à grand'peine avec les dispositions principales de la Constitution qui nous régit.

Quel est, en effet, l'article fondamental de notre Constitution? C'est que le souverain est responsable; c'est qu'il gouverne en personne, qu'il est à lui-même son premier ministre, et que tous les actes du pouvoir, au dedans et au dehors, émanent directement de sa volonté. Si vous touchez à cet article de la Constitution, vous ébranlez tout le reste et vous nous ramenez d'un trait de plume au régime parlementaire. D'un autre côté, si vous maintenez cet article, la liberté de la presse (toujours celle qu'avaient réglée les lois de septembre) ne peut guère être rétablie sans créer dans la pratique les plus graves difficultés.

Le rôle de la presse n'est pas seulement, comme on incline trop à le croire, de louer le pouvoir avec plus ou moins de délicatesse et d'exposer tous les jours ses titres à la reconnaissance des populations, c'est encore et surtout de le surveiller et de le contrôler pour le contenir; c'est de ne laisser passer sans réfutation aucune de ses erreurs, sans protestation aucune de ses fautes. Voilà ce

que la presse peut faire sans inconvénient dans
un gouvernement parlementaire, parce qu'elle est
en face de ministres responsables et amovibles, et
qu'ayant affaire à eux seuls, elle peut avoir raison
contre eux sans péril pour l'État. La presse peut
aider à leur chute, et la précipiter sans grand
dommage, puisqu'ils sont aussitôt remplacés par
d'autres, et que les critiques qu'ils ont subies
n'affaiblissent nullement le pouvoir dans la main
de leurs successeurs.

Vous comprenez sans peine, monsieur, qu'il
en serait tout autrement en face d'un souverain
responsable, et qu'il y aurait le plus grave inconvénient pour l'État à ce que la presse eût trop souvent ou trop longtemps raison contre lui, comme
cela pourrait un jour arriver, car Dieu n'a point
fait la grâce à l'humanité de créer quelques hommes infaillibles pour gouverner les autres. Or, on
ne sait pas assez dans ce pays la force merveilleuse
qu'on acquiert avec l'art bien simple de se tenir
dans le vrai et d'avoir ordinairement raison. Le
bon sens habituel, aidé de sincérité et relevé du
plus faible talent, suffit pour gagner les esprits et

les attire comme l'aimant attire le fer. Il se crée
alors, en très-peu de temps, autour d'un homme
ou d'un journal, une force véritable avec laquelle
le pouvoir est bientôt obligé de compter. Qu'une
force semblable subsiste dans un gouvernement
parlementaire et qu'elle y soit employée à renverser ou à élever des ministres, on l'admet volontiers ; mais qu'elle se développe avec indépendance sous un souverain responsable et qu'elle
puisse être librement employée à lui donner tort
aux yeux du public dans les actes les plus importants de son autorité, c'est ce qui ne se peut
concevoir, et toute l'économie d'une Constitution
de ce genre en serait profondément altérée.

Ce n'est pas seulement avec le gouvernement
direct et la responsabilité du souverain que la liberté de la presse (toujours celle des lois de septembre) est difficile à concilier, c'est avec le rôle
attribué par la Constitution au Corps législatif.
Vous reconnaîtrez, je pense, qu'il ne serait pas
juste de réclamer pour un journaliste nommé par
lui-même, sans caractère public et sans engagement avec personne, plus de moyens d'action sur

le pouvoir et sur l'opinion, que la Constitution
n'en accorde à un député investi du mandat de
trente-cinq mille électeurs. Or, si je n'avais en
face de moi que les lois de septembre, mes priviléges seraient plus étendus que ceux du député le
plus considérable de l'Empire.

Il ne jouit point, en effet, du droit d'initiative,
tandis qu'ici je le possède et que je puis saisir le
public de toute question qui m'intéresse; il n'a
point le droit d'interpellation et ne peut appeler
directement le pouvoir à s'expliquer sur aucun
de ses actes; ce droit m'est acquis, et je puis me
faire ici l'interprète de tous les griefs publics ou
particuliers dont le redressement me semble nécessaire. Enfin les discours du député ne sont
point publiés absolument tels qu'il les prononce;
il ne communique avec le public qu'à de rares
intervalles et sous une forme indirecte qui enlève,
on ne peut le nier, une partie de leur attrait à ses
paroles[1]; je suis avec le public en communication
directe et constante; entre lui et moi nul inter-

---

[1] Le décret du 24 novembre a établi plus tard la publicité
complète et régulière des séances législatives.

médiaire, et je ne puis m'en prendre qu'à moi-même si mes idées et mes passions ne passent point de mon âme dans la sienne.

Tant d'avantages m'ont été enlevés d'un seul coup et l'équilibre a été rétabli entre la presse et la tribune par la législation nouvelle, qui a mis l'existence des journaux entre les mains de l'administration. Un avertissement, une suspension, ne sont pas les suites d'un délit ni les conséquences d'un jugement, car les tribunaux subsistent à côté de l'administration et remplissent leur office; ces rigoureuses mesures peuvent être provoquées par une appréhension, par un déplaisir; leur objet, en un mot, est d'atteindre un genre de fautes qui n'est pas prévu par la loi et dont la justice n'a point à connaître; si bien que, pour un journal, vivre en bonne intelligence avec l'administration est la plus impérieuse condition de son existence. Il devient donc pour lui-même le plus exigeant des censeurs, et, de peur de franchir une limite invisible et variable, il reste le plus souvent bien en deçà des bornes que lui prescrirait le soin de sa sûreté. « Nous n'usons pas de

toute la liberté qu'on nous laisse, » a dit M. Guizot, et il avait raison; mais ne trouvez-vous pas,
comme moi, que le propre de la législation actuelle, que son essence, pour ainsi dire, et sa condition d'être, c'est de nous laisser toujours incer-
tains sur le degré de liberté qui nous est accordé?
De là d'ailleurs vient l'efficacité merveilleuse de
cette législation et son pouvoir incontestable de
contenir ceux mêmes qu'elle ne blesse pas. Il suffit, en effet, que les journaux se sentent exposés
à son action pour paraître atteints d'une certaine
langueur. On pourrait dire d'eux ce que disait le
fabuliste des animaux malades de la peste :

Ils ne mouraient pas tous, mais tous étaient frappés.

Tout en regrettant pour la presse une situation
si difficile, sachons reconnaître encore une fois
qu'elle n'est point si aisée à modifier qu'on pourrait le croire, et qu'elle fait partie d'un vaste ensemble dont la responsabilité du souverain et le
rôle restreint de la chambre élective sont les principaux traits.

Est-ce à dire, monsieur, qu'il n'y ait rien d'utile

à faire dans les journaux, et qu'il faille les abandonner comme les instruments sans objet d'un
système politique qui a disparu, comme les débris
importuns d'un noble édifice renversé par les
fautes des hommes plutôt que par le temps? Je ne
le pense pas, puisque j'ai pris la plume, puisque je
la tiens encore, sans me faire illusion sur son influence, mais sans hésitation sur mon devoir, animé
même d'une certaine confiance dans l'avenir et
dans notre bonne volonté. Est-il possible de parler modérément des affaires publiques, et de dire,
chemin faisant, la vérité, non pas toute nue, mais
telle que notre temps, nos lois et nos mœurs la
peuvent souffrir? Est-il possible de discuter, comme
on nous a plus d'une fois invités à le faire, tous
les actes importants du pouvoir, non pas pour
l'irriter ou le blâmer, nous n'en avons pas la folle
envie, non pas pour l'éclairer, nous laissons ce
soin charitable à d'autres, mais uniquement pour
l'instruction du public et pour le soulagement
de notre conscience? Bien des gens prétendent
que cela est impossible; mais j'espère qu'ils se
trompent, et je l'essayerai.

II

Sur la brochure anonyme intitulée : Le Pape et le Congrès.

1ᵉʳ janvier 1860.

Monsieur,

Pourquoi tout Paris a-t-il lu la brochure intitulée *le Pape et le Congrès ?* Pourquoi toute la France,
toute l'Europe, vont-elles la lire ? Est-ce à cause du
talent littéraire de l'auteur ? Dans ce cas, l'Académie française ne serait pas embarrassée de remplacer M. de Tocqueville ; elle devrait ouvrir ses portes
à deux battants à l'auteur de cette brochure, qui
aurait obtenu, à coup sûr, un des plus grands succès littéraires de ce siècle. Mais il est évident que
le mérite littéraire de cette brochure est pour peu

de chose dans l'intérêt qu'elle excite. Cet intérêt vient-il donc de la profondeur ou de la nouveauté des idées politiques que cet écrit tend à propager et à défendre? On a vu des idées plus profondes dans le monde que celles de l'auteur de cette brochure; on en a vu aussi de plus nouvelles, car voici assez longtemps que le projet de réduire le pape à Rome et à un petit jardin court les rues. Disons simplement ce que tout le monde pense : si le public lit avec avidité cette brochure, c'est qu'il y voit, à tort sans doute, ce que les journaux anglais appellent aujourd'hui le manifeste du gouvernement français sur la question romaine.

On parcourt donc ces pages avec autant d'attention que si elles étaient affichées sur les murs, que si elles étaient insérées dans la partie non officielle du *Moniteur*. Nous serions fort embarrassé pour parler de cet écrit si nous adoptions cette manière de voir du public, car nous avons contracté l'habitude de garder devant les notes du *Moniteur* le plus respectueux silence; mais rien ne nous oblige à partager sur ce point l'opinion générale, et, afin d'apprécier l'œuvre avec pleine

liberté, nous userons volontiers du droit qui nous
est laissé d'en ignorer absolument l'auteur.

Ce que nous ne pouvons ignorer, c'est que c'est
un écrivain catholique, et d'un catholicisme si
fervent, nous dirions presque si tendre, que dès
les premières lignes de son écrit nous avons prévu
qu'il ménageait au pape quelque mésaventure.
Lorsque Gulliver raconte comment il fut condamné
par le roi des Lilliputiens et comment on criait
son arrêt dans les rues, il ajoute que tout le peuple
comprit dès les premiers mots qu'il était perdu,
parce que le préambule de l'arrêt vantait outre
mesure la clémence du monarque et que c'était là
l'annoncé ordinaire des condamnations les plus
terribles. L'histoire de notre pays nous prouve
que ceux de nos rois qui ont été les plus redoutables pour le saint-siége étaient en même temps
de très-zélés catholiques, et, en effet, il faut l'être
ou le paraître beaucoup pour l'être plus que le
pape et contre lui.

Tout le monde sait ce que propose au Congrès l'auteur de la brochure. Deux systèmes sont ordinairement en présence, en ce qui touche la souveraineté

temporelle du pape, depuis qu'il est devenu évident
que cette souveraineté, ébranlée par les fautes des
hommes et par l'esprit du siècle, ne peut se soutenir sans assistance étrangère. Le premier système
consiste à rétablir le pape ou à le maintenir sur
son trône en essayant de lui imposer des réformes
capables de rendre son gouvernement supportable.
C'est ce système, déjà ancien, qu'a suivi la France
en 1849 et qui a conduit, on peut le dire, à un
échec, puisque aucune réforme sérieuse n'a pu sortir de l'intervention française, et que la présence
de notre drapeau n'a pu empêcher des abus dont
l'enlèvement du jeune Mortara, qui est le plus
célèbre, n'est peut-être pas le pire. Le second
système consiste simplement à reconnaître que la
souveraineté temporelle du pape est incompatible
avec un gouvernement tolérable, et à la laisser
tomber, ou bien, ce qui revient au même, à laisser au pape le soin de la maintenir de son mieux
sans l'y aider par la force.

L'auteur de la brochure a un troisième système,
dont les faits accomplis lui ont certainement sug-
géré l'idée ; car on peut dire qu'en déclarant la

souveraineté temporelle du pape bonne à Rome et mauvaise dans le reste de son territoire, il a fait simplement la théorie des faits accomplis et a donné les raisons les plus propres à faire sanctionner, s'il se peut, par l'Europe, l'état présent des choses. C'est trop dire cependant que d'imputer à l'auteur de la brochure l'apologie du gouvernement du pape, même s'il est restreint à Rome. Il suffit de parcourir cette partie curieuse de son travail, pour reconnaître que l'auteur regarde le maintien de ce gouvernement comme un mal, mais comme un mal si nécessaire, qu'on doit se contenter de le réduire aux plus étroites limites. On fait la part du feu, pour ainsi dire, et, au nom de l'intérêt des peuples catholiques et de la dignité de leur souverain pontife, on laisse subsister sur Rome le mauvais gouvernement dont on croit pouvoir, sans inconvénient, délivrer la Romagne. En un mot, pour employer l'expression énergique et concise de la brochure, « on soustrait au profit de l'indépendance du pape quelques centaines de mille âmes à la vie des nations. »

Quelle sera la situation, quel sera l'avenir de

ces quelques centaines de mille âmes sacrifiées à l'intérêt général? C'est ce que la brochure nous fait connaître avec une singulière franchise : « Sous « ce régime, dit-elle, les dogmes sont des lois, les « prêtres sont les législateurs, les autels sont les « citadelles, et les armes spirituelles sont la seule « égide du gouvernement... Les citoyens de Rome « ne sont plus les membres d'une grande patrie; « ils sont toujours les citoyens d'une glorieuse « métropole (n'est-ce pas *nécropole* qu'il faut « lire?). En résumé, il y aura en Europe un peuple « qui aura à sa tête moins un roi qu'un père, et « dont les droits seront plutôt garantis par le cœur « de son souverain que par l'autorité des lois et « des institutions. Ce peuple n'aura pas de repré- « sentation nationale, pas d'armée, pas de presse, « pas de magistrature. Toute sa vie publique sera « concentrée dans son organisation municipale. « En dehors de ce cercle étroit, il n'y aura pas « d'autre ressource pour lui que la contemplation, « les arts, le culte des grands souvenirs et la « prière. Il sera à jamais déshérité de cette noble « part d'activité qui, dans tous les pays, est le

« stimulant du patriotisme et l'exercice légitime
« des facultés de l'esprit ou des supériorités du
« caractère. Sous le gouvernement du souverain
« pontife, on ne pourra prétendre ni à la gloire du
« soldat ni à celle de l'orateur ou de l'homme
« d'État. Ce sera un gouvernement de repos et de
« recueillement, une sorte d'oasis où les passions
« et les intérêts de la politique n'aborderont pas,
« et qui n'aura que les douces et calmes perspec-
« tives du monde spirituel. »

Telles seront donc les occupations et les conso-
lations de ces quelques centaines de mille âmes
soustraites à la vie générale. Elles auront pour emploi de leur activité et pour satisfaction de leur
esprit : 1° les cérémonies religieuses et la pompe
d'une cour entretenue par toute l'Europe catholique; 2° l'arrangement et la jouissance des musées
et des collections d'antiquités; 3° le recueillement,
la prière, et surtout l'espérance d'un monde meilleur dans lequel la politique n'exigera pas le sacrifice d'un peuple aux croyances ou aux habitudes
religieuses de plusieurs autres.

La question est donc résolue pour Rome; voilà

sa situation décidée et pour jamais : « Elle ne saurait y échapper, dit avec autorité l'auteur de la brochure, son sort est réglé. C'est l'arrêt de la civilisation, de l'histoire et de Dieu même. » Est-il bien sûr que la question soit résolue? Oui, mais à une condition cependant, sans laquelle il n'y a rien de fait. C'est que Rome acceptera cette destinée singulière ; c'est que les Romains auront un goût plus exclusif qu'ils ne l'ont montré jusqu'ici pour les processions, pour les musées et pour la contemplation des régions éternelles ; c'est enfin qu'ils se tiendront aussi tranquilles dans leur *oasis* que le sont à Paris les cerfs et les antilopes dans les parcs du Jardin des Plantes et que, pour les y maintenir en paix, il ne faudra pas à perpétuité dix mille Français, la baïonnette au bout du fusil.

Autrement, votre raisonnement se brise, et la difficulté reparaît tout entière. Les Légations jouissaient de cet idéal, et n'en veulent plus ! Vous déclarez qu'il serait odieux de leur en restituer la jouissance par la force ; que la France, qui a répondu par Valmy et par Jemmapes à la procla-

mation du duc de Brunswick et aux théories de
Coblentz, ne peut violenter aucun peuple pour le
maintien d'un souverain impopulaire. Comment
excepter Rome de cette règle générale et la mettre
en dehors du droit commun? Pourquoi la France
ferait-elle sans répugnance à Rome ce qu'il lui
répugne de faire ailleurs? Les Romains sont-ils des
hommes d'une autre espèce? ont-ils moins de droits
naturels que les autres sujets du saint-siége?
Pourra-t-on dire à Bologne et à Ancône :

> Je rends grâces au ciel de n'être point Romain,
> Pour conserver encor quelque chose d'humain?

Est-ce à la France, vouée au culte des idées gé-
nérales, à la théorie des *droits de l'homme* et à
l'égalité, qu'il convient de prétendre qu'en tel lieu
les peuples ont le droit de choisir leur gouvernement, qu'à deux pas de là ils perdent ce droit au
nom de l'intérêt général, de l'histoire et d'une
éternelle raison de convenance établie par Dieu
même? Cela ne peut se soutenir, et il n'est pas
une des raisons valables pour laisser leur liberté

aux Légations qui ne soit valable pour laisser à Rome la libre disposition de son sort.

En un mot, il faut considérer cette question selon le droit divin consacré par les traités qui garantissent à certains souverains la possession de certains territoires, ou bien selon le droit populaire qui reconnaît et maintient aux populations le droit de choisir leurs gouvernements en dehors de la contrainte de l'étranger.

Dans le premier cas, la France commettrait une injustice envers le pape en conviant l'Europe à sanctionner la révolte des Légations; injustice d'autant plus criante que le gouvernement français s'est hautement défendu jusqu'ici de vouloir porter atteinte à la souveraïneté temporelle du Saint-Père, et l'on ne peut s'empêcher de remarquer que, sur ce point, l'auteur de la brochure semble ignorer ou traiter avec une inconcevable légèreté les engagements du gouvernement de l'Empereur[1].

Dans le second cas, et en tenant compte du droit

[1] Voir la lettre de M. Rouland aux évêques, datée du 4 mai. — Voir la réponse de M. Baroche à M. Lemercier, dans la séance du Corps législatif du 50 avril.

populaire, la France commettrait une injustice non moins grande envers les peuples, en proposant de maintenir par la force des armes l'assujettissement de Rome, en indiquant aux Romains et en leur imposant un genre particulier de félicité, en leur déclarant, au nom du monde catholique, qu'ils n'ont pas et qu'ils n'auront jamais le droit d'être heureux à leur manière.

On conçoit qu'un gouvernement puisse choisir entre l'une ou l'autre conduite, mais les tenir en même temps l'une et l'autre, comme le veut l'auteur de la brochure, et les justifier toutes deux comme il tente de le faire, c'est une prétention inacceptable pour quiconque aime la franchise et le bon sens.

L'auteur de la brochure a senti lui-même qu'il n'était pas aisé d'imposer à la France un rôle aussi contradictoire, et il a confié à l'armée fédérale italienne à venir le soin d'assurer le bon ordre dans l'*oasis* qu'il s'agit de fonder à Rome. C'est supposer d'abord l'existence régulière d'une confédération encore problématique. C'est oublier, de plus, qu'il y a en Italie unanimité d'opinion sur la question de la souveraineté temporelle du pape, sinon entre les souverains, du moins entre les peuples ; et, si une armée purement italienne est chargée de maintenir le pape à Rome, il y a lieu de craindre, tout le monde en conviendra, qu'il n'y soit pas longtemps maintenu.

Si nous nous figurons avec peine le pape bien gardé dans Rome par une armée fédérale, nous avons plus de peine encore à comprendre ce que l'auteur de la brochure entend par la grande liberté municipale qu'il promet à la ville éternelle. Ce serait, il nous semble, lui rendre d'une main la vie politique qu'on lui avait d'abord ôtée de l'autre, car il faut reconnaître, à moins de se payer de mots, que la liberté municipale, lorsque tout l'État se compose d'une seule cité, se confond avec la liberté politique. Nous distinguons entre ces deux choses, lorsqu'il s'agit d'un grand pays, parce que, au-dessus de la liberté des villes, se place la liberté de la nation tout entière. Mais, lorsque la nation est renfermée dans l'enceinte d'une ville, comme dans les anciennes républiques italiennes, la liberté municipale ou la liberté politique c'est tout un, puisqu'on comprend également sous ces deux mots le droit et le moyen de se gouverner soi-même. Si donc l'auteur de la brochure voyait, selon ses vœux, une forte liberté municipale, organisée à Rome, Rome ne serait plus cette *oasis* qu'il nous décrivait tout à l'heure, mais une république, et c'en serait fait de cette souveraineté temporelle du pape que son premier dessein était de réduire seulement en étendue, pour en mieux assurer la durée. Au milieu de cette république indépendante, et qu'on nous dépeint si riche en curiosités de tout genre, le pape ne serait plus qu'une des curiosités de la ville, mais la plus intéressante à coup sûr aux yeux de l'étranger toujours avide de contempler les grandes ruines.

A côté de difficultés de cette importance, il en est une secondaire, mais considérable encore, c'est l'établissement et le service régulier de cette pension alimentaire, que les États catholiques s'engageraient à payer au saint-siége. Tacite se plaignait de ce que Rome, tirant ses blés d'Afrique, voyait tous les jours sa vie à la merci des vents et des flots. Le Saint-Siége aurait lieu de concevoir des appréhensions du même genre sur le service de cette pension, que pourrait un beau jour supprimer le caprice populaire dans les États libres, et le caprice du souverain dans les États absolus. Nous n'aurions, par exemple, aucune inquiétude immédiate sur la part proportionnelle de la France, et nous ne doutons pas que le Corps législatif ne vote chaque année la subvention du Saint-Siége avec aussi peu de difficulté que la subvention de l'Opéra ; mais qui peut répondre de l'avenir, surtout si nos institutions se rapprochaient de celles de nos alliés et amis l'Angleterre, le Piémont, la Belgique, l'Espagne, etc., et si un élargissement quelconque des libertés publiques nous ramenait tant soit peu vers le régime parlementaire ?

Et, à ce propos, qu'il nous soit permis de faire remarquer aux amis du Saint-Siége, qui étaient naguère les ennemis déclarés du *parlementarisme,* combien le parlementarisme est innocent de leurs angoisses. On ne peut guère comparer à la douleur ressentie aujourd'hui par l'*Univers* que la joie immodérée de ce journal à l'époque où le gouvernement des assemblées a disparu de la France.

Puisque la *liberté du bien* ou l'intérêt exclusif du
Saint-Siége est la dernière raison de toutes les actions de l'*Univers*, ce journal, et ses amis, ne doi-
vent-ils pas confesser aujourd'hui qu'ils se sont
légèrement trompés? Nous voudrions aussi voir
ressusciter un moment Grégoire XVI, de belli-
queuse mémoire. Sa célèbre encyclique, qui mon-
trait dans le parlementarisme et dans la liberté de
la presse la cause de tous les malheurs des États
catholiques et de la papauté, est bien, si l'on veut,
l'œuvre d'un pape infaillible, mais ce n'est point,
à coup sûr, l'œuvre d'un prophète; son succes-
seur, lui-même, en conviendra volontiers, car s'il
a été rétabli sur son trône, c'est à un parlement
qu'il le doit, et, si ce trône paraît aujourd'hui
ébranlé, il faudrait avoir de bien bons yeux pour
découvrir dans tout cela la main de la presse ou
d'un parlement. C'est jusqu'ici la moralité la plus
frappante de cette histoire, dont nous attendons
le dénoûment avec la légitime impatience dont
est agitée toute l'Europe.

Quel sera le dénoûment? nul ne peut le prédire;
quiconque cependant connaît le tempérament ac-

tuel de l'Europe sait qu'il y a de grandes chances
pour que ce dénoûment soit conforme aux vœux
de l'auteur de la brochure. Et alors, quel esprit
élevé, quel cœur généreux peut voir approcher ce
moment sans une certaine émotion? Une puissance, — la plus antique, la plus vénérée et la
plus maudite en même temps, la plus bienfaisante,
on peut le dire, et parfois la plus funeste de toutes, — est sur le point de s'écrouler; car, en dépit
de tous les ménagements, cette pierre une fois
enlevée, tout chancelle, et la hache est posée au
pied de ce monument vénérable d'une main trop
adroite et trop sûre pour qu'une fois le premier
coup lancé, il en reste un seul morceau debout.
Nous ne sommes pas de ceux qui croient à son
éternelle durée, et encore moins de ceux qui se
représentent la sublime religion du Christ comme
enveloppée dans sa chute. Mais cette chute nous
émeut comme tous les grands événements qui laissent une trace ineffaçable et particulière dans
l'histoire de l'humanité. L'émotion pourrait s'accroître et la scène s'élever, s'il y avait encore dans
le monde quelques hommes capables de sacrifier

leur repos et tout le reste à l'idée qu'ils doivent se
faire du devoir et de l'honneur. Mais cela n'est
point trop à craindre dans le temps où nous sommes ; l'histoire a vu des siècles plus méchants que
le nôtre, elle n'en a guère vu de plus lâches, à ce
point qu'un grand exemple de courage ressemble-
rait à un miracle, et que celui qui le donnerait
paraîtrait inspiré par Dieu même.

Ce qui ajoute encore à l'intérêt de ce spectacle,
c'est qu'il y a au fond de ces événements, s'ils s'accomplissent, une certaine justice rétributive et que
ceux qui paraissent devoir s'en plaindre le plus
ont incontestablement mérité leur sort. La plupart
de ceux qui pleurent aujourd'hui le plus haut sont
ceux-là même qui se sont inclinés le plus bas et
qui prétendaient, à force d'injures, contraindre
tout le monde à les imiter. Ils étaient arrogants
alors dans leur abaissement même, ils sont cou-
verts aujourd'hui d'une des confusions les plus
accablantes et les mieux méritées qu'ait enregis-
trées l'histoire.

Catholiques de France, on vous crie que vous
avez été trompés ; mais qui vous a trompés ? Ce

n'est point, quel qu'il puisse être, l'auteur de la brochure; vous ne sauriez, sans injustice, le prétendre. Qui donc vous a trompés, sinon ces détestables sophistes, sortis de vos rangs et mis de votre aveu à votre tête, qui vous ont répété et persuadé peut-être que la religion ferait d'autant mieux ses affaires que les affaires de la liberté seraient plus compromises? Qu'ils tiennent aujourd'hui leurs promesses; ils ont la main adroite et hardie; qu'ils dénouent ou qu'ils rompent, s'ils le peuvent, la trame dans laquelle ils vous ont eux-mêmes et jour par jour enlacés.

Qui s'abandonne lui-même est abandonné de tous, et c'est justice. Quiconque cède à la tentation est la proie et la dérision du tentateur. C'est une vieille histoire. Croyez-vous, par exemple, que, si Jésus-Christ eût accepté sur la montagne les offres magnifiques qui lui étaient faites, il eût en effet possédé tous les royaumes du monde? Nullement, il eût été précipité du haut en bas de la montagne avec la permission de Dieu le Père et avec l'approbation des anges. J'ai lu dans les récits fort curieux d'un voyageur anglais qu'un petit

prince de l'Hindoustan n'avait pas de plus grand
plaisir que de perdre soudainement ceux qui
l'avaient trop flatté. Il se laissait volontiers ado-
rer et paraissait regarder avec complaisance celui
qui se prosternait le mieux devant lui ; mais tout
à coup il mettait le pied sur le front de l'incomparable adulateur et l'envoyait rouler dans la
poussière. C'était sa façon de rétablir l'équilibre
et de venger la dignité humaine. Je ne sais pas
même le nom de ce petit prince, et nous n'avons,
grâce à Dieu, aucune chance de nous rencontrer
jamais. Mais il y a dans cette partie de sa conduite
une certaine grandeur à laquelle je ne suis point
insensible et pour laquelle je lui envoie, à travers
l'espace qui nous sépare, mon sincère compliment,
tout en regrettant de ne pouvoir, en bonne conscience, lui en adresser aucun autre.

III

A propos d'un journal officieux.

12 février 1860.

Monsieur,

Le gouvernement français est mal servi.

Que les bons citoyens se rassurent! Nous ne voulons pas dire qu'il n'ait pas une excellente armée, une marine tous les jours meilleure, de très-habiles financiers, d'actifs administrateurs, de consciencieux diplomates; mais il est mal servi au département de l'opinion publique. Si l'on considère ses soldats, ses marins, ses agents de tout ordre et de tout grade, on l'admire et on l'envie; si, au contraire, on jette les yeux sur ses prétendus interprètes et sur ses acharnés défenseurs, comment s'empêcher de le plaindre?

Et pourtant à quelle époque les lettres se sont-
elles vues encouragées avec plus de sollicitude?
Diogène cherchait un homme avec une seule lanterne. Qui dira combien de lanternes sont allumées
et combien d'huile se brûle à la recherche d'un
écrivain? Vous souvenez-vous de l'avare courant
éperdu sur la scène à la poursuite de son voleur :
« Qui peut-ce être? où est-il? où se cache-t-il? que
ferai-je pour le trouver? où courir? où ne point
courir? N'est-il point là? n'a-t-il point passé par
ici? » Telle est l'image de l'ardente et stérile
poursuite à laquelle le talent est exposé de nos
jours. Et il ne s'agit point de le pendre; bien au
contraire. Mais on fouille en vain le pôle et l'équateur, la Gascogne et la Normandie, le talent ne
se montre guère, soit que la saison ne soit pas
propice à l'éclosion de cette fleur capricieuse,
soit plutôt que la transplantation lui soit fatale.
Le bon sens même fait trop souvent défaut, et
l'indigence du français se fait parfois cruellement
sentir.

Si j'étais le gouvernement, selon la phrase vul-
gaire, et seulement pour dix minutes, je n'en veux
point davantage, si donc j'étais le gouvernement,
au lieu de laisser entièrement, comme il le fait, les
écrivains à eux-mêmes, et de respecter à l'excès
leur indépendance, je les appellerais de temps à
autre pour leur donner de bons conseils, et je
ferais venir tout le premier mon funeste ami le
Constitutionnel.

— Pourqoui, lui dirais-je, publiez-vous des articles qui commencent ainsi : « *Le pouvoir impérial
est tellement dans la nature...* » Croyez-vous nous
être agréable avec de semblables phrases? Il est
vrai qu'elles font rire le chef de l'État au milieu
des soucis qui l'assiégent; mais croyez-vous qu'il
soit le seul à rire de cette bizarre littérature? Ce
n'est pas tout! Pourquoi mettez-vous M. Cousin si
lourdement en cause? Quel avantage voyez-vous,
je vous prie, à le montrer causant amicalement
avec M. Dupanloup sur l'escalier de l'Institut, et
déclarant que tout l'ordre intellectuel et moral est
intéressé à l'indépendance de la papauté. Pensez-
vous que derrière M. Cousin il n'y ait personne et

que derrière M. Dupanloup il n'y ait pas beaucoup
de monde; et, en les blâmant ainsi de se donner la
main, ne forcez-vous pas vos lecteurs à se demander
pourquoi ils se la donnent, et quelle est cette cause
qui a fait venir de tous les points de l'horizon,
pour les réunir dans une même pensée, une foule
d'esprits éminents divisés sur tout le reste? Quand
vous répétez à satiété que c'est un scandale que de
voir M. Thiers, M. Guizot, M. Villemain, M. de
Broglie, et bien d'autres, d'accord avec M. Dupanloup et pleins d'admiration pour son éloquence,
ne contraignez-vous pas le public à se dire que
cette émotion profonde et commune doit avoir
quelque raison, et que ce n'est point une raison
légère, puisqu'elle a confondu les plaintes et les
vœux de ces hommes illustres qui ont aimé d'une
façon différente, mais avec ardeur la liberté et
la patrie? Pourquoi, enfin, citez-vous plusieurs
phrases de M. Cousin et mettez-vous imprudem-
ment des échantillons de cette langue à côté de la
vôtre? Je n'aurais jamais cru que tant de naïveté
fût dans la nature. Ce ne sont point là pourtant
vos fautes les plus graves, et j'y arrive.

— Vous allez me parler de feu monseigneur Rousseau?

— Vous y êtes.

— Mais...

— Je sais ce que vous voulez dire ; il est donc inutile de m'interrompre. C'était à vous à faire preuve de discernement et à réserver cette platitude pour quelque jour où M. Dupanloup se trouverait empêché. Ne connaissez-vous donc point M. Dupanloup? Ne savez-vous pas que c'est un chercheur de textes, un érudit éloquent en littérature sacrée? Ne deviez-vous point prévoir qu'il n'aurait pas de repos avant d'avoir déterré quelque autre production de ce Rousseau, afin de compléter vos études sur cet évêque trop abondant, qui aurait bien dû s'en tenir à ce que vous avez cité? Vous voilà bien avancé d'être réduit à publier vous-même cette accablante biographie, c'est-à-dire une page arrachée de la Bruyère, et qui restera jusqu'à la fin du monde attachée à l'étole de tous les Rousseau de la terre! Vous êtes un maladroit ; repassez dans huit jours et d'ici là pas de zèle. N'allez pas essayer de répondre à M. Dupanloup.

Voilà les conseils que je donnerais au *Constitu-*
tionnel si j'étais le Gouvernement, et, s'il ne les
écoutait pas, je mettrais pour la vingtième fois au
Moniteur que je n'ai rien à faire avec lui. Mais il
est bien clair qu'il ferait la sourde oreille, et que,
sous prétexte de me servir, il me jouerait de nouveau cent vilains tours. Que faire? Les conseils
sont rarement suivis; ils n'inspirent même aucune
reconnaissance. En voulez-vous un exemple? Non-
seulement ceux que je viens de donner ici ne
seront pas écoutés, mais je suis sûr qu'on ne m'en
saura aucun gré.

IV

De la loi sur la diffamation à propos de M. Dupanloup et de feu
l'évêque Rousseau.

1er avril 1860.

Monsieur,

Bien que ce soit un des axiomes de ce temps-ci,
si riche en vérités, ou plutôt en contre-vérités de
ce genre, que M. Dupanloup a troublé la cendre
des morts, ses accusateurs savent comment il a été
amené à peindre et à juger M. Rousseau. Au milieu de cette discussion, où M. Dupanloup s'effor-
çait de défendre avec l'indépendance du Saint-
Siége l'indépendance de l'Église de France, qu'il
en croit, à tort ou à raison, inséparable, on a
introduit, brusquement et solennellement à la fois,

un nouveau témoin sur la scène. C'était l'évêque
Rousseau, homme indépendant, disait-on, esprit
libre et sage, qui, écrivant loin des séductions
du pouvoir, semblait avoir devancé, par un miracle de génie et de vertu, les théories de la
presse officieuse sur les rapports de l'Église avec
l'État.

Nos lecteurs savent peut-être ce qu'on appelle
en Angleterre la *cross-examination* d'un témoin.
Dans ce pays d'égalité, quoi qu'on en dise, aussi
bien que de liberté, les témoins ne sont pas inter-
rogés par le président, mais par les avocats des
parties, et, quand l'un des avocats a tiré d'un témoin tout ce qu'il peut, il l'abandonne aux mains
de l'autre, qui l'interroge alors, non-seulement sur
la cause, mais sur lui-même et sur tout ce qui peut
faire apprécier la valeur de son témoignage. C'est
ainsi que M. Dupanloup a interrogé l'évêque Rousseau ; si les réponses de M. Rousseau ne lui font
grand honneur, à qui la faute, sinon à ceux qui
l'ont fait comparaître? Est-ce la première fois qu'on
voit les témoins devenir funestes aux imprudents
qui les citent, et un témoignage ainsi retourné

n'est-il pas le plus éloquent et le plus accablant de tous? Mais laissons retomber dans son sommeil celui qu'on prétendait donner pour modèle à l'Église de France, et qui, par un juste retour, est devenu pour elle un avertissement salutaire; arrivons aux questions intéressantes de droit public et de législation qui se débattent autour de sa mémoire et qui la dépassent. Qu'il nous suffise de dire qu'en mettant sous ses pieds, dans cette circonstance, l'esprit de corps et les fausses convenances qui enchaînent trop souvent la vérité, M. Dupanloup a rendu un service public en même temps qu'il a fait son devoir; et, lorsque l'histoire, en quête de ces hommes de cœur qu'elle aime à honorer, jettera sur notre époque un regard dédaigneux et rapide, elle s'arrêtera volontiers sur la figure indignée de cet homme de bien.

De tous les risques qu'il pouvait courir, le plus grand à nos yeux, c'était d'être dérobé à l'action de la justice et investi d'une sorte de privilége par l'usage fâcheux, mais légal, qu'on pouvait faire du décret du 30 avril 1810. On ignore trop

en France que les institutions du premier empire
ont créé parmi nous un corps nombreux qui a ses
priviléges et sa juridiction particulière, si bien
que ceux qui ont le bonheur d'en faire partie ne
peuvent tomber dans le droit commun et sous la
juridiction commune qu'après avoir subi une
sorte d'excommunication préalable, qu'après être
déchus pour un temps au rang de simples citoyens, qu'après avoir été livrés par leurs chefs
ou par leurs pairs à toutes les conséquences du
principe de l'égalité devant la loi. M. Dupanloup
ne pouvait donc être cité en justice, aux termes
du décret de 1810, sans l'agrément formel des
autorités judiciaires; il faut que le procureur
général y consente, et M. Dupanloup ne jouit pas
seul de ce privilége. Il le partage avec les préfets,
les grands-officiers de la Légion d'honneur, les
généraux commandant une division, les membres
de la Cour de cassation, etc..., de sorte que je ne
puis poursuivre aucune de ces personnes pour
m'avoir battu, insulté, volé, pour avoir chassé de
plusieurs façons sur mes terres, sans avoir obtenu
l'agrément de M. le procureur général. Or, si

M. le procureur général pense que le personnage
privilégié m'a fait trop d'honneur en s'occupant
de moi de ces diverses manières, et s'il refuse de
me le livrer, que me reste-t-il à faire ? A digérer
mon affront et à me tenir en repos. Il est vrai que,
si le ministre de la justice allait à la Chambre et
qu'on eût le droit de l'interpeller sur mon affaire,
il ne s'exposerait point pour si peu à perdre son
portefeuille ; il est vrai encore que, si les journaux
pouvaient sans imprudence prendre ma cause en
main, on se résignerait sans doute à me faire
justice ; mais la Constitution a enlevé du même
coup la responsabilité des ministres, le droit d'interpellation et ce qu'on entendait jadis dans notre
pays par la liberté de la presse, me laissant pour
sauvegarde, en pareille matière, la douceur de nos
mœurs et la modération du pouvoir. Hâtons-nous
de reconnaître qu'en cette circonstance le pouvoir,
préoccupé avant tout de l'égalité des citoyens
devant la loi, n'a point hésité à livrer M. Dupanloup à la justice, et lui a rendu ainsi grand service ; mais il pouvait sans inconvénient faire tout
le contraire, et nous serions heureux de le faire

bien comprendre à nos lecteurs, afin qu'ils gar-
dent un bon souvenir du décret de 1810, si, ayant
un jour fini de donner les meilleures lois du
monde aux Italiens, nous avons enfin l'idée et le
pouvoir de réformer un peu les nôtres.

Voilà donc M. Dupanloup devant ses juges, et
alors se lève l'éternelle question de la diffamation,
compliquée d'une autre, celle de savoir si la diffamation peut s'exercer et doit se punir à l'égard
des morts. Mais, pour aboutir à des difficultés in-
surmontables et à des contradictions choquantes,
il n'est pas besoin que la loi sur la diffamation soit
étendue aux morts ; il suffit que l'on considère la
diffamation comme un délit et que l'on en confie
la répression à la magistrature. Si la diffamation
est un délit et si la magistrature est chargée de le
réprimer, une loi est nécessaire, car la magistrature ne peut prendre pour règle de ses jugements,
comme le jury, l'équité et le sentiment public ;
elle ne peut être employée avec quelque sécurité
qu'à la stricte application d'une loi. Vous êtes
donc contraint de faire une loi sur la diffamation,
c'est-à-dire d'entreprendre l'œuvre la plus diffi-

cile, disons mieux, la plus impraticable qui puisse exercer la patience du législateur. Ou bien, votre loi interdit la preuve et contraint le magistrat à punir le blâme le plus juste aussitôt qu'il porte atteinte à la considération de celui qui l'a mérité, et alors elle protége les méchants et enchaîne les bons au détriment de la société tout entière ; ou bien elle admet la preuve et n'atteint que la calomnie, et alors elle transforme formellement chaque citoyen en accusateur public, lui donne sur le prochain un droit légal et odieux d'investigation et de censure, et lui permet de tout dire, pourvu qu'il ait dit vrai. Et cependant est-il possible de concevoir une troisième loi qui se tienne entre les deux autres et qui, sans définir la diffamation ni la calomnie, atteigne par des dispositions précises les attaques injustes contre la considération d'autrui ? Cela est tout simplement impossible ; chercher à faire une loi semblable, c'est avouer implicitement qu'il n'en peut exister de bonne, c'est confier la répression de ce genre de délit à la libre et souveraine appréciation du juge.

C'est ce qui arrive dans la pratique, et cette troisième loi, non écrite et impossible à écrire, a tout naturellement remplacé les deux autres. Il n'est pas de magistrat qui, ayant devant lui le diffamateur et le diffamé, ne soit amené, par la force des choses, à se transformer en juré, à user de son jugement naturel, à tenir compte de l'é-quité, à subir l'influence du sentiment public, en un mot, à prendre en considération mille circonstances auxquelles la loi est contrainte de rester étrangère. La magistrature est ainsi conduite à prononcer des verdicts sous la forme de jugements, et à laisser de côté la lettre de la loi pour mieux respecter la justice.

Or, toutes les fois que vous voyez la magistrature amenée à prendre ce rôle, soyez assuré qu'elle ne se trouve point à sa place, et que c'est la faute du législateur si elle remplit ces fonctions de jury auxquelles elle est éminemment impropre, par situation et par caractère. Il est, en effet, deux signes auxquels le législateur moderne ne doit point se tromper, et qui, s'il n'est point aveuglé par la routine ou par la passion, le conduisent

aussi sûrement dans son œuvre que les astres
guident le marin sur la mer. Toutes les fois qu'un
délit ne peut être nettement défini et justement
réprimé par une loi vraiment inflexible ; toutes les
fois que dans la rédaction d'une loi répressive on
n'a que le choix entre deux dangers et deux injustices, c'est qu'on fait fausse route, c'est qu'on
transforme en délit et qu'on veut faire réprimer
par l'État des actes qui ne créent que des dommages particuliers et dont la criminalité ne peut
être exactement discernée et justement prononcée
que par le sentiment public. Cela veut-il dire que
ces actes doivent échapper à la répression et à la
peine? Nullement ; mais cela veut dire qu'en vous
égarant dans la définition de l'acte, vous vous êtes
naturellement égaré dans le choix du juge, et
voici le second signe sur lequel doit se guider le
législateur : Toutes les fois que la loi ne peut, sans
injustice, définir d'une manière permanente et
rigoureuse les caractères d'un acte susceptible
d'être incriminé, toutes les fois qu'une large part
doit être faite aux circonstances, à la conduite de
l'offenseur et de l'offensé, au sentiment public et,

pour ainsi dire, à l'air que tous respirent, accu-
sés, tribunal et spectateurs, c'est le signe que la
magistrature doit faire place au jury et qu'il ne
s'agit point de dire scientifiquement : « Vous avez
enfreint tel article de telle loi; » mais de dire
honnêtement : « En mon âme et conscience, vous
êtes ou vous n'êtes pas coupable ; vous avez fait
à autrui ou vous ne lui avez point fait un tort injuste dont vous lui devez réparation. »

Il suffit d'un instant d'attention pour reconnaître, dans ce qu'on appelle le délit de diffamation,
un tort privé qui ne doit point être défini par la
loi, ni poursuivi par le ministère public, ni jugé
par la magistrature, ni frappé d'une peine, mais
poursuivi par l'offensé, apprécié souverainement
par le jury et puni de la réparation du dommage.
Flétrir la conduite d'un homme peut être un acte
coupable ou méritoire, selon mille circonstances
dont la prévision sort du domaine de la loi, dont
l'appréciation sort du domaine de la magistrature.
Mais toutes ces circonstances relèvent naturellement
du jury, et tout ce qui répugne à l'une des deux
juridictions plaide avec force en faveur de l'autre..

Une fois la diffamation envisagée comme un tort privé et rendue à ses juges naturels, tout devient simple et facile en même temps que juste. Il importe beaucoup, par exemple, en présence de la loi et de la magistrature, de savoir s'il s'agit d'un vivant ou d'un mort, et, comme les défauts de la loi, déjà si sensibles quand il s'agit des vivants, éclatent plus vivement quand on prétend l'appliquer aux morts, on s'arrête en chemin et l'on déplore que la loi soit insuffisante [1]. Toutes

[1] Nous ne nous arrêterons pas, même en passant, à l'idée singulière, mais fort digne de notre nouvelle école de droit public, d'étendre aux morts la loi sur la diffamation. Si on l'applique honnêtement, le fils d'un homme exécuté pour meurtre me fera condamner par la magistrature pour avoir écrit que son père était un assassin. Si on l'applique arbitrairement, mieux vaut ne pas la faire. Mais, s'écrie-t-on, on ne protégera pas les morts contre la diffamation, mais seulement contre la calomnie, ce qui équivaut, d'après une tendance fort à la mode, à ériger les tribunaux en académies historiques, investies du privilége infaillible de discerner et d'imposer la vérité sous peine de la prison ou de l'amende. Tout le monde sait, par exemple, qu'après de longues études, M. Charras et M. Thiers ne sont point d'accord sur la bataille de Waterloo. L'un des deux se trompera donc et pourrait accuser à tort tel général d'ineptie ou de trahison. Se figure-t-on un tribunal étudiant de telles questions pendant quinze jours, promulguant sa décision comme un dogme et donnant à l'historien une leçon doublée d'une amende? Nous rougirions d'arrêter plus longtemps l'esprit du lecteur sur des images aussi ridicules.

ces difficultés disparaissent en l'absence de loi et devant le jury. Il a devant lui le plaignant et le défendeur, il apprécie le fait et l'intention, il donne raison à l'un ou à l'autre sans être contraint d'entrer dans des subtilités dignes des Grecs de Constantinople ou de l'Académie de Laputa sur le degré de sensibilité qu'il faut attribuer aux morts, sur le temps après lequel on les livrera au jugement public, sur les gens qu'on proposera à la garde de leur mémoire.

La diffamation est-elle le seul genre de tort qui échappe à la loi et à la magistrature (à moins que l'on ne fasse sortir l'un et l'autre de leur domaine) pour relever de l'équité naturelle, du sentiment public et par conséquent du jury ? Nullement, il suffit de jeter les yeux sur les tribunaux de nos voisins pour y voir réparés, par le moyen du jury, une foule de torts que la loi ne peut prévoir ni atteindre, et qu'il est pourtant juste de réprimer. Quelle loi, par exemple, peut m'obliger à garder un employé qui me sert bien, que je congédie par caprice, et que je laisse tout à coup sans ressources ? Aucune. Et cependant nous voyons tous les jours des actions pour renvoi injuste (*for wrongful dismissal*) intentées et gagnées devant le jury anglais. Une loi qui m'obligerait à me marier contre mon gré ou qui érigerait en délit mon manque de parole, serait absurde et injuste; et cependant n'est-il pas odieux de m'engager, à l'égard d'une honnête famille, pour abandonner ma fiancée au pied de l'autel? Aussi les actions pour manque de parole en ces matières (*for breach of promise*) sont-elles reçues devant le jury anglais, et elles donnent lieu souvent à des dommages considérables. La diffamation est traitée avec le même bon sens et avec la même équité. Dans toutes ces affaires le jury n'a point à se perdre dans des lois inapplicables ou à les corriger par de vaines subtilités; il dit simplement : *Verdict pour le défendeur* ou bien *verdict pour le plaignant*, avec tant de dommages; et il a dans le chiffre même de ces dommages l'instrument le plus souple et le plus puissant pour exprimer dans toutes ses nuances le sentiment qu'inspire à douze hommes de bon sens et d'honneur, l'acte dont on les fait juges, si bien que ce verdict et ce chiffre ont parfois, dans leur brièveté plus d'éloquence que les plus longs et les plus profonds .considérants du monde.

Et, pour en revenir à l'affaire de M. Dupanloup, nous ne savons pas ce qu'un jury français eût décidé sur son sort, tant les événements contemporains ont jeté de confusion dans les meilleúrs esprits ; mais ce que nous savons avec certitude, c'est qu'un jury anglais, fût-il composé des protestants les plus fermes et des plus irréconciliables ennemis de la grande Babylone, lui aurait dit simplement, et non sans quelque respect pour son courage : « Vous avez fait votre devoir, allez en paix ! »

V

De l'utilité des prétendants pour les peuples qui ne possèdent point le système parlementaire.

29 avril 1860.

Monsieur,

Je vous écris cette fois au bruit de la fusillade, non pas que mon paisible quartier soit plus troublé qu'à l'ordinaire, mais en ce temps de télégraphe électrique et de communications rapides, ne doit-on pas considérer l'Europe comme une grande ville, et les oreilles ne nous tintent-elles pas encore des feux de peloton de la Sicile et des douze coups de fusil qui viennent de mettre fin à l'entreprise d'Ortega?

Dans ces deux cas, il s'agissait d'annexion,

puisque le mot a fait fortune aussi bien que la chose. La Sicile voulait s'annexer (prématurément sans doute, puisqu'elle n'a pas réussi) au royaume de Sardaigne, et le général Ortega voulait annexer d'un seul coup toute l'Espagne à l'autorité jusqu'ici méconnue du comte de Montemolin.

Laissons la Sicile sous le poids de sa défaite; trente mille hommes y tiennent, dit-on, la campagne et les villes se contiennent toutes seules, grâce aux lazzaroni, c'est-à-dire grâce à cette sainte et perpétuelle alliance conclue depuis l'origine du monde entre la démagogie et le pouvoir absolu. Mais parlons un peu de l'Espagne et de la chance qu'elle a eue d'échapper à son libérateur.

N'êtes-vous pas surpris, monsieur, et un peu affligé, comme je le suis moi-même, de voir les légitimistes français regretter l'insuccès du comte de Montemolin? Il est peu d'opinions, dans notre France si malheureusement divisée, qui aient droit à plus de considération que l'opinion légitimiste. Instruits par l'expérience, attachés aux institutions libres qu'ils ont eu l'honneur de faire connaître à la France, la plupart des hommes de ce parti, épuré par ses pertes mêmes, comptent aujourd'hui parmi les amis les plus sincères et les plus dévoués de la liberté. Pourquoi faut-il qu'il ne puisse se lever dans aucun coin du monde aucun drapeau sur lequel soit écrit, à tort ou à raison, le mot de *légitimité*, sans que ce parti ne s'émeuve et ne se croie, par excès de chevalerie, engagé dans l'affaire? Entre le régime que le comte de Montemolin venait rétablir en Espagne et le gouvernement de la Restauration en France, il y a, grâce à Dieu, un abîme que personne de ce côté des Pyrénées n'a intérêt à combler ou à cacher. Il ne faut pas trop en vouloir, cependant, aux légitimistes français de cette sympathie inconsidérée autant que généreuse; elle tient à notre esprit cosmopolite, et aucun de nos partis n'est exempt de ce travers. Vous souvenez-vous, monsieur, qu'en 1848, on ne pouvait, dans aucun coin de l'Europe, briser un réverbère ou lancer des pierres à un gendarme, en un mot, trois chats ne pouvaient s'insurger sur le coin d'une gouttière sans que la république française ne fût assaillie par ses prétendus amis, et brusquement sommée de courir au secours d'une sœur naissante? Ah ! monsieur, nous tous tant que nous sommes, nous sommes les Français de ce temps-là, et cette belle politique est la nôtre; le parti cosmopolite est, sous des noms divers, le fond de tous nos partis; et, si nous allions à Delphes, l'oracle ne nous dirait pas seulement comme à Socrate : *Connais-toi toi-même*; mais il nous crierait jusqu'à nous rendre sourds : *Occupe-toi de toi-même.*

Quoi de plus propre d'ailleurs à encourager notre ardeur cosmopolite que de voir nos idées faire une fortune si rapide? Que dites-vous, monsieur, du chemin qu'a fait en si peu de temps le suffrage universel? Ne pourrait-on pas lui prédire, comme jadis au drapeau tricolore, qu'il fera le tour du monde? Ceux qui l'ont enfanté, à la surprise générale et à leur propre surprise, dans la nuit du 23 au 24 février (car nous avons l'acte de naissance de ce géant au berceau), ne s'imaginaient pas enfanter un Hercule destiné à parcourir la terre et à en renouveler la face. Ce qui

ajoute au mérite de ce puissant et commode instrument, c'est qu'il paraît bon à tous les usages,
propre à tous les services. Au delà des Alpes, il
dépossède des souverains, en deçà il annexe une
province ; au delà des Pyrénées, si on l'eût seulement laissé faire, il eût renversé une dynastie.
Aussi personne ne se met-il en route aujourd'hui
sans se munir de cet instrument indispensable,
et, bravant la surprise ou l'indignation de ses
nobles aïeux, le comte de Montemolin ne l'avait
point oublié dans ses bagages.

Il n'a pu s'en servir faute de temps, et faute
surtout d'être le maître, car c'était, comme il est
juste, *sous* son gouvernement qu'on devait voter
pour son gouvernement ; et je crois que le prétendant serait le premier à récuser le résultat du
suffrage universel, si le gouvernement actuel de
l'Espagne se chargeait de l'appliquer à sa place
et mettait, selon ses vœux, la question dynasti-
que aux voix. Il en est de même pour les souverains déchus de l'Italie centrale ; je ne crois pas
qu'ils eussent de grandes objections à se faire
consacrer par le suffrage universel, à la seule

condition d'être chargés eux-mêmes d'ouvrir le scrutin et de compter les suffrages, après avoir éclairé de leur mieux les populations. Mais, comme c'est le Piémont qui, pour leur épargner de vains embarras, a pris sur lui de veiller à l'accomplissement de toutes ces formalités, ils déclarent que ce vote universel ne signifie rien, et ne veulent pas même en entendre parler. Admirez maintenant l'inconséquence des hommes! Ces mêmes Piémontais (je parle de Garibaldi et de ceux qui ont montré le plus profond respect pour le vote de l'Italie centrale), ces mêmes Piémontais s'écrient aujourd'hui que Nice eût à coup sûr voté pour le Piémont, si le Piémont eût fait voter Nice, et que le vote de Nice pour la France n'a aucune valeur, puisqu'il a été donné sous l'égide de la France. Ne trouvez-vous pas, monsieur, que ces bizarres défiances font tort au suffrage universel et en méconnaissent le principal mérite, qui est évidemment l'indépendance? A voir l'ardeur exclusive avec laquelle tous ces gens-là, princes ou démagogues (quelquefois c'est tout un), revendiquent par-dessus toute chose le droit de faire voter, et paraissent s'inquiéter médiocrement du reste, ne dirait-on pas qu'à leurs yeux la question de savoir *sous qui* l'on vote implique celle de savoir *pour qui* l'on vote? Mais cette injurieuse théorie est déjà démentie par l'expérience, et l'avenir achèvera de la réfuter.

Autre question : Que fera-t-on du prétendant espagnol, puisque au lieu de prendre le trône il n'a réussi qu'à se faire prendre? Les avis sont partagés. Quelques hommes impitoyables disent qu'il faut le traiter comme Ortega et lui appliquer le principe de l'égalité devant la loi; mais je me défie toujours de l'excessive rigueur, et il me semble, je ne sais trop pourquoi, que ces juges sévères du prétendant lui en veulent surtout de n'avoir point réussi, et fussent devenus volontiers ses ministres. D'autres conseillent l'emprisonnement perpétuel; un de mes amis voudrait tout simplement qu'on le conduisît à la frontière et qu'on le mît en liberté. Voici sur quels motifs il s'appuie; et je vous donne, monsieur, son raisonnement pour ce qu'il vaut :

« Il ne sert à rien, dit-il, de détruire les pré-
« tendants; le sort des gouvernements et des
« dynasties est écrit là-haut, ou plutôt il est écrit
« dans leur conduite, et, quand un prétendant ren-
« verse un gouvernement établi, il n'est que l'in-
« strument de la justice céleste ou, pour mieux
« dire, l'agent de l'ordre universel. Impuissant
« contre les gouvernements sages, il peut tout
« contre ceux qui ont gravement failli, parce qu'il
« est au fond l'image vivante de leur responsabilité,
« et comme l'incarnation de leurs fautes. A quoi
« a-t-il servi de mettre Louis XVI à mort, de faire
« misérablement périr son fils, et, plus tard, de
« supprimer brusquement le duc d'Enghien? Est-ce
« tout ce sang qui a si longtemps tenu les Bourbons
« éloignés du trône? Nullement; c'est Jemmapes,
« c'est Marengo, c'est Austerlitz. Et plus tard,
« lorsqu'ils sont revenus, est-ce le rare mérite du
« comte de Provence ou la dévotion du comte
« d'Artois qui les a ramenés? Pas davantage. C'est
« la guerre d'Espagne, c'est la retraite de Russie;
« c'est l'universelle lassitude, ce sont les consé-
« quences terribles de la manie des conquêtes et

« du gouvernement absolu. Il en est de même
« partout et toujours ; les fautes du gouvernement
« établi, voilà le bouclier et l'épée du prétendant.
« Si ses armes sont de bonne trempe, ceux qu'elles
« renversent ne peuvent s'en plaindre, car ce sont
« leurs mains qui les ont forgées. Voyez le comte
« de Montemolin : il est venu cette fois avec trois
« mille hommes et n'a pas tenu trois heures ; mais
« supposez que le gouvernement espagnol cesse
« complétement de s'entendre avec la nation ; sup-
« posez que la liberté soit étouffée ou l'ordre trop
« compromis, l'orgueil national mal satisfait, l'a-
« narchie dans le pouvoir et le mécontentement
« dans la rue, et le prétendant peut venir, sans
« tambour ni trompette, sans un homme et sans
« un écu, riche du ressentiment public, armé de
« l'impopularité d'autrui ; ou mieux encore : le
« peuple, comme un malade qui se retourne sur
« son lit de misère, ira le chercher dans sa prison
« en se disant : Il ne vaut peut-être pas mieux que
« les autres, mais nous ne risquons rien, car il ne
« peut pas être pire. »

Mon ami paradoxal poussait plus loin son rai-

sonnement et arrivait à cette conclusion singulière : c'est que l'existence d'un prétendant est
une des garanties les plus nécessaires à certains
peuples contre les défauts de leurs gouvernements. « Dans les pays qui sont affligés du régime
« parlementaire (je parle la langue à la mode,
« disait-il), l'opposition remplit, comme on le sait,
« un rôle des plus salutaires. Elle est toujours là,
« attentive à profiter des moindres fautes pour
« renverser le ministère, et celui-ci, qui se sent
« surveillé, se garde de son mieux de donner
« prise. Chez d'autres peuples où le souverain
« gouverne directement, les prétendants remplis-
« sent tant bien que mal et à leur insu la tâche
« de l'opposition ; comme on les sent toujours là,
« on songe à se bien tenir et à ne point se laisser
« disputer avec trop de succès la faveur publique.
« Leur voisinage est donc le contrôle le plus effi-
« cace, pour ne pas dire le seul, qui puisse se
« concilier avec cette forme de gouvernement.

« Qui peut nier de nos jours les bienfaits de la
« concurrence ? J'ai, non loin de ma demeure, un
« épicier qui gouvernait despotiquement ses pra-

« tiques. Il n'avait presque pas de politesse et au-
« cune bonne foi. Un beau jour, un concurrent
« vint s'établir à deux pas de lui. Dès le len-
« demain, on n'eût plus reconnu sa boutique :
« bonne mesure, figure gracieuse, denrées excel-
« lentes, prix modérés ; un coup de baguette avait
« créé tout cela, ou plutôt c'était l'arrivée d'un
« prétendant.

« Ne croyez-vous pas qu'un tel voisinage ~~sem-
« blable~~ produirait sur tel ou tel gouvernement,
« sur le gouvernement autrichien, par exemple,
« l'effet le plus salutaire ? Supposez que l'empe-
« reur d'Autriche ait tout d'un coup un préten-
« dant en face de lui, et soit hanté par son image.
« Je vois d'ici ce qui arrive : il se lève une
« heure plus tôt, il se couche une heure plus tard,
« il règle sans cesse ses comptes, presse ses four-
« nisseurs, équipe lui-même ses soldats, laisse
« les protestants en repos, et par-dessus tout re-
« cherche la faveur publique. La Hongrie est bien
« traitée, la Vénétie mieux encore ; si tout le monde
« n'est pas content, ce qui paraît impossible ici-
« bas, tout le monde du moins se sent plus à l'aise,

4

« et l'on se dit à l'oreille : cela ne va vraiment pas
« mal ; il est arrivé quelque chose ; il y a quelque
« part un prétendant. — En vérité, je vous l'as-
« sure, on peut dire de l'utilité d'un prétendant
« pour certains peuples infortunés, ce que Voltaire
« disait de l'Être suprême : S'il n'en existait pas,
« il faudrait l'inventer. »

Je ne souscris point entièrement, monsieur,
aux conclusions de mon ami, et je ne crois pas
que la rivalité des dynasties puisse remplacer avec
avantage, pour les peuples, la rivalité des ministères. Avouons cependant que l'émulation est une
chose merveilleuse et qu'elle peut produire les biens
les plus inattendus. C'est à l'émulation la plus légitime que nous devons, par exemple, le petit
discours récemment prononcé dans le Sénat par le
cardinal Morlot ; et c'est en relisant, en même
temps que tout le monde, le discours de M. Dupin,
qu'il s'est avisé de la nécessité d'ajouter ce *post-
scriptum* à son propre discours. Remarquez, monsieur, les heureux résultats de la publicité des
discussions du Sénat, et combien il serait opportun d'en étendre et d'en régulariser les bien-

faits. M. Morlot avait cru répondre suffisamment
à M. Dupin après l'avoir consciencieusement écouté;
mais, lorsqu'il a vu que toute la France l'avait
écouté en même temps que lui, il a senti que lui-
même il n'avait point tout dit, et qu'il lui restait
quelque chose à dire. Mais quoi! si M. Dupin s'é-
chauffait et se sentait inspiré à son tour en lisant
le nouveau discours de M. Morlot, serait-il juste
de priver le public de sa réponse? Nullement.
Mieux vaudrait donc prendre l'habitude de tout
publier, et essayer de savoir ainsi quels seraient
les effets de l'émulation une fois que la publicité
l'aurait introduite parmi les sénateurs [1].

Je ne veux point finir cette lettre, monsieur,
sans vous féliciter, et avec vous tout le public,
du succès que notre pays est sur le point d'obtenir en réunissant toute l'Europe pour sanctionner,
indirectement, il est vrai, mais pour sanctionner,
après tout, l'agrandissement de notre territoire.
Verrons-nous donc ce spectacle, et après tant de
clameurs contre l'annexion de la Savoie, va-t-on

[1] Écrit avant le décret qui a institué la publicité des séances
législatives.

régler en commun et de bonne grâce les nouveaux arrangements à prendre pour la neutralité de la Suisse? Oui, monsieur, nous verrons ce consolant spectacle. — Mais l'Angleterre qui a tant parlé, la Prusse qui a tant murmuré, viendront-elles? — Oui, monsieur, elles viendront ; gardez-vous d'en douter. — Ne sont-ce pas là les mêmes gens qui jadis nous causaient quelque crainte? — Ce sont les mêmes, monsieur, et, après les avoir redoutés un peu plus que de raison, nous ne courons plus désormais qu'un seul risque : celui de les trop dédaigner.

VI

L'Angleterre en tête-à-tête avec la Prusse. — Garibaldi. — A propos de
M. de Bruck. — De la manière de réclamer la liberté.

13 mai 1860.

Monsieur,

Je me souviens d'avoir lu dans les *Mille et une
Nuits* l'histoire d'un vaisseau attiré vers une montagne d'aimant. On ne voyait pas d'abord la cause
mystérieuse qui le faisait dévier de sa route, mais
il marchait avec une vitesse toujours croissante
vers un but inconnu. On entrevit enfin la fatale
montagne, et vous vous figurez les efforts et les
cris de l'équipage ; on eut beau faire, il fallut avancer toujours jusqu'à ce que le navire brisé disparut sous les flots.

4.

Je crois l'Angleterre plus solide que ce navire
et à l'épreuve des plus fortes secousses, mais elle
n'en est pas moins en route vers sa montagne, et
les plus nobles efforts paraissent impuissants à
l'en détourner. Il n'est pas un homme d'État en
Angleterre qui veuille de la nouvelle réforme électorale, et soyez assuré que, si lord John Russel
lui-même pouvait en être délivré par quelque
circonstance imprévue, il en rendrait secrètement
grâce à la bonté du ciel et à la fortune de son pays.
Mais il n'en est pas moins tenu de défendre son
bill, et les trois quarts des députés qui le con-
damnent n'en sont pas moins contraints de le
voter. C'est qu'on veut en finir, comme on dit de
l'autre côté de la Manche ; et, en effet, on est sur
le point d'en finir, non pas seulement avec la
réforme électorale, mais du même coup avec ce
qui reste en Angleterre d'esprit politique et de
courage.

Entendons-nous, monsieur, sur ce mot de courage, et n'allez pas croire que je voie l'Angleterre
déjà privée de cette énergie presque sauvage qui,
hier encore, soutenait le boxeur Tom Sayers, sous

les coups de Heenan. Tomber vingt fois tout san-
glant et se relever vingt fois, soutenir son bras
droit brisé en étendant les doigts sur sa poitrine
et combattre de l'autre jusqu'au dernier souffle,
c'est, si l'on veut, une forme admirable du courage, mais ce n'est ni la plus rare ni la plus précieuse, et elle n'a jamais suffi à créer ou à per-
pétuer la grandeur d'un peuple. Elle a même
parfois brillé dans les temps de décadence. Rome
esclave et déjà humiliée par les barbares était
plus fière que jamais de ses gladiateurs, elle
avait poussé à ses dernières limites l'art de les
entraîner, comme disent nos voisins; elle en
comptait par centaines qu'on allait admirer dans
leurs casernes, j'ai presque dit dans leurs écu-
ries, comme nous allons avec plaisir passer la
main sur les chevaux de M. de Nivière ou de ma-
dame Latache de Fay. Quoi qu'on fasse pourtant,

Mens agitat molem et magno se corpore miscet,

a dit le poëte, ce qui veut dire, traduit librement:
ce n'est point le courage de Tom Sayers, dur à
la peine et patient sous les coups, qui a fait tout

seul la fortune de l'Angleterre ; c'est encore et surtout ce courage de l'esprit qui prévoit et qui veut, qui se sert avec une sage audace des muscles et des nerfs d'autrui, mais qui ne réside ni dans les nerfs ni dans les muscles, et qui, le plus souvent au contraire, consume, comme une vive flamme, des corps appauvris et débiles. Je la connais et je la redoute, cette sublime étincelle qui a mis plus d'une fois le monde en feu, et j'ai peine à contenir ma joie quand je vois s'approcher la lourde main qui va l'éteindre. Ah ! monsieur Bright ! ah ! monsieur Cobden ! si nos enfants sont justes, votre statue sera à Versailles, et je vous jure que ce n'est point par le traité de commerce que vous l'aurez le plus légitimement gagnée.

Est-il permis de sourire devant ce triste et grand spectacle ? Comment pourtant se contraindre, lorsque nous prêtons l'oreille aux touchantes exhortations que la presse anglaise prodigue à la Prusse : « Laure, ma chère Laure, enfin nous voilà seuls, » dit à sa femme un personnage de comédie plein de bonne volonté ; c'est sur un ton tout aussi tendre que la presse anglaise caresse la

Prusse : « Chère Prusse, dit incessamment cette
« douce voix de l'Angleterre, reste-moi fidèle ;
« ménage tes forces, augmente-les surtout, et
« prépare-toi à me bien servir s'il nous faut tra-
« verser ensemble quelque sanglante épreuve. Ne
« suis-je pas ton alliée naturelle, une amie sûre
« dans la bonne et dans la mauvaise fortune ? Tu
« secoues la tête et tu me montres l'Autriche cou-
« verte de larges plaies. Que veux-tu ? mon libé-
« ralisme en est la cause. Mais l'Autriche elle-
« même me rendra ce témoignage, que je m'étais
« d'abord contentée de l'abandonner et de la lais-
« ser se tirer d'affaire ; c'est seulement quand
« je l'ai vue par terre, que la tentation a été la
« plus forte, et j'ai dit, je l'avoue, au zouave qui
« lui avait enlevé son manteau : — Pourquoi lui
« laissez-vous son gilet et que ne lui prenez-vous
« sa chemise ? — Mais avec toi, chère Prusse, il
« ne peut m'arriver rien de semblable ; tu es au-
« jourd'hui la prunelle de mes yeux, mon unique
« amie sur le continent, et il faut désormais qu'à
« force d'activité et de courage tu remplaces tous
« les autres. »

La Prusse écoute chaque matin ce beau discours et se livre à des réflexions salutaires. Elle contemple la belle garde nationale qui lui tient lieu d'armée et la belle armée qui nous dispense de garde nationale ; elle regarde certains petits princes ses voisins et s'avise qu'ils ont une physionomie d'archiducs et ne sont pas au mieux avec leurs peuples ; elle trouve que certaines petites capitales ont une ressemblance bizarre et jusqu'ici inaperçue avec Florence et Bologne, et se plonge dans des méditations dont l'avenir seul nous dira le dernier mot.

Quelqu'un qui ne médite guère, mais qui agit fort en revanche, qui passe sa vie à cheval, et qui menace, comme Henri IV en quête d'un royaume, d'user plus de bottes que de souliers, c'est le Piémont, cette Prusse de l'Italie, création toujours croissante de la politique et de la guerre. Il est vrai que sa bonne fortune le persécute, que les poches du Piémont se remplissent malgré lui de ce que ses voisins ont le malheur de perdre, et que je ne sais quel courant lui amène des territoires comme les ruisseaux coulent à la rivière.

N'est-il pas menacé aujourd'hui, malgré ses cris d'indignation, de se voir annexer la Sicile? C'est en vain qu'il s'efforce d'arrêter Garibaldi et lui met vertueusement la main sur le collet; les épaulettes de Garibaldi lui restent dans la main, et le célèbre *annexateur* sort avec sa flottille du port de Gênes presque aussi inaperçu qu'Agamemnon partant pour la guerre de Troie. A-t-il bien fait, a-t-il mal fait? Grande question qui serait bien vite tranchée si la parole de notre presse officieuse était parole d'Évangile. Convoiter le territoire du voisin et tenter de le prendre, s'écrie la *Patrie*, quel crime! Débarquer avec des proclamations et des armes, et provoquer les populations à la révolte, vit-on jamais pareil scandale? s'écrie le *Constitutionnel*. Vous êtes sans doute aussi fatigué que moi, monsieur le rédacteur, de ce débordement inattendu de morale. Laissons parler ces intègres censeurs; mettons-nous au point de vue de la politique contemporaine, et avouons sincèrement que nul ne peut savoir encore si Garibaldi a bien ou mal fait d'aller en Sicile. C'est le dernier tableau de ces tragi-comédies qui en donne le sens.

Si nous voyons au cinquième acte Garibaldi les
yeux bandés recevoir douze balles dans la tête,
il est clair qu'il n'est qu'un conspirateur et un
aventurier avide du bien d'autrui ; mais, si nous
le voyons, au contraire, présider le dépouillement
du scrutin à Messine ou à Palerme, et déclarer à
la face du monde que tous les Siciliens, moins
douze, se sont prononcés pour l'annexion de la Sicile au Piémont, le voilà devenu un glorieux libérateur, et les autres libérateurs dont parle l'histoire
auront beau faire les fiers, il faudra bien qu'ils
serrent les rangs pour l'admettre en leur compagnie. En un mot, ce n'est ni le *Constitutionnel*,
ni la *Patrie*, ni vous, monsieur, ni moi-même,
qui décideront s'il faut louer ou blâmer Garibaldi
de son entreprise ; c'est le souverain de plus en
plus incontesté de ce monde, celui qui tend à
renverser tous les autres, c'est Sa Majesté le Fait
accompli.

Voyez, par exemple, en Autriche, monsieur le
rédacteur, une victime du Fait accompli, l'infor-
tuné M. de Bruck, qui s'est puni, à ce qu'on assure,
non pas tant d'avoir tenté des conquêtes sur le

Trésor public que d'avoir souffert et couvert les
conquêtes d'autrui. Il s'est tué, et l'on a saisi cette
occasion si naturelle de donner les plus belles leçons du monde à l'Autriche, sur le défaut d'honnêteté de ses hommes publics, sur les fautes mystérieuses de leur vie, sur l'affreux scandale de leur
mort. Nous avons donc vu, à ce sujet, une nouvelle
inondation de morale. L'ami paradoxal dont je
vous ai parlé dans ma dernière lettre a pris de
l'humeur en se voyant presque enseveli sous ces
belles maximes : « Que ces gens-là sont in-
« justes, m'a-t-il dit à l'oreille, ils accablent l'Au-
« triche d'injures quand on lui devrait des com-
« pliments. Si M. de Bruck a failli, n'est-ce donc
« rien que de voir se tuer un ministre prévarica-
« teur, et n'y aurait-il point lieu de se plaindre
« bien davantage s'il n'avait point senti la néces-
« sité de se punir? Voyez la cour du Grand-Turc
« ou celle du shah de Perse, ceux qui prévari-
« quent ne se tuent point pour si peu; bien au
« contraire, la vie leur en devient, dit-on, plus
« douce et plus chère, et ils la prolongent de leur
« mieux, afin de prévariquer plus longtemps. Si

« l'opinion publique devenait, dans ces pays éloi-
« gnés, aussi exigeante qu'en Autriche, si l'on y
« pratiquait cette morale farouche et si l'on se
« rendait à soi-même cette sévère justice, tous les
« grands emplois de l'empire deviendraient bien-
« tôt vacants par le suicide, et le souverain ne
« pourrait faire un pas sans glisser dans le sang
« de quelque important personnage. Ne mépri-
« sons donc pas à l'excès les États où le pouvoir
« a encore assez d'énergie et se sent la conscience
« assez nette pour rendre la prévarication diffi-
« cile, où l'opinion publique a encore assez de
« force pour rendre insupportable une vie sans
« honneur. »

Que vous dirai-je, monsieur, de notre histoire
intérieure pendant ces quinze jours :

Ah ! qu'il est doux de ne rien faire,
Quand tout s'agite autour de nous !

dit je ne sais plus quel personnage de nos opéras
comiques. Ne trouvez-vous pas, monsieur, que
ces jolis vers résument assez bien notre situation ?

Ce n'est point que je prétende ôter de leur importance aux débats du Corps législatif sur les lois
relatives au traité de commerce. Ces débats remplissent une place considérable dans les journaux,
et je souhaite fort qu'ils occupent dans l'opinion
une place non moins considérable; mais la nature
humaine est ainsi faite, que les événements prévus
là touchent peu. Or le résultat des discussions
du Corps législatif sur cette matière était aussi
prévu que la marche du soleil, et pour une bonne
raison, c'est qu'il n'y avait point à revenir sur le
traité de commerce, et que les mesures proposées
à la sanction législative étaient seulement les conséquences indispensables de ce traité. On ne peut
suivre avec un extrême intérêt une lutte dont
l'issue est certaine, et il ne faut point s'étonner
si l'animation du public n'était pas au niveau de
celle de la Chambre.

Le public ne paraît pas non plus avoir pris fort
à cœur la pétition de M. Louis Couture, qui demande la publicité des séances du Sénat, non
pas toujours, mais à certains jours, c'est-à-dire
lorsque le Sénat discute les pétitions des citoyens.

Je vous dirai bien franchement, non pas la raison,
mais une des raisons de cette indifférence. M. Couture a l'air si content dans sa pétition, qu'on
n'imagine pas qu'il ait à désirer quelque chose,
et un homme si parfaitement heureux paraît in-
conséquent ou exigeant outre mesure, en insi-
nuant qu'il manque encore quelque chose à son
bonheur. Un grand poëte, un fin poëte surtout, a
dit avec sa grâce touchante :

La façon de donner vaut mieux que ce qu'on donne.

Au risque de rendre ce beau vers digne de figurer dans un livret d'opéra, je l'arrangerais volontiers ainsi pour l'instruction des pétitionnaires
présents et futurs :

La façon de *demander* vaut mieux que ce qu'on *demande*.

Puisque nous parlons d'opéra, laissons tout à
fait de côté la politique, et permettez-moi de
vous communiquer une réflexion qui m'est venue,
l'autre soir, en écoutant le final du premier acte
de *Robert le Diable*. Robert vient de perdre au

jeu tout son argent; un dernier coup de dé lui a enlevé son collier d'or, son cheval et jusqu'à son épée. C'est sa faute, je le veux bien; mais enfin, on peut être dans son tort et se mettre en colère. Robert s'emporte donc à pleine voix et finit par lever un tabouret sur la tête de ceux qui l'ont ruiné. J'écoutais cette belle musique et je me disais : Comme il serait aisé de gâter cette scène et de rendre l'œuvre du musicien presque impossible ! Qu'au lieu de se fâcher ou de rester impassible, Robert s'humilie; qu'il aille joindre les mains devant ces nobles seigneurs et leur dire d'un ton suppliant : « Rendez-moi de grâce un « petit écu, seulement un petit écu, et soyez as- « suré de mon éternelle gratitude; » que Robert parle ainsi d'une voix soumise, et je défie M. Meyerbeer lui-même de relever, à force de belle musique, un si ridicule et si triste spectacle. Pour moi, je me lèverais aussitôt, et, pour me remettre l'âme, j'irais le lendemain matin voir, aux Champs-Élysées, comment le brave Polichinelle fait le coup de bâton contre le commissaire. Mais je m'aperçois que je fais ici de la critique musicale, et que

j'empiète, sans doute, sur le domaine d'un colla-
borateur. Veuillez me pardonner cette distraction,
monsieur, et soyez assuré que je n'oublierai point
désormais que je suis condamné à la politique.

VII

De la puissance du Siècle et des provocations de la presse officieuse. — Explication
au lecteur et texte d'un jugement de la sixième chambre.

27 mai 1850.

Monsieur,

Je ne vous écris qu'en tremblant. Ce n'est point
que je sois plus timide qu'il ne faut, mais ce qui
m'est arrivé la semaine dernière ébranlerait les
plus fermes courages : j'ai encouru le déplaisir du
Siècle. — Oui, monsieur, j'ai été signalé, moi
qui vous parle, à l'indignation de ce million de lecteurs dont le *Siècle* fait de temps à autre un si superbe et si menaçant étalage. Et pour quel crime
encore? Est-ce pour une de ces fautes légères, ou

du moins pardonnables, que le *Siècle* corrige en
passant, mais qui ne ferment point sans retour la
porte à sa clémence? Ai-je témoigné plus d'intérêt
à la France qu'à la Hongrie, à l'Italie ou à la Pologne? Ai-je bien parlé de M. Dupanloup ou du
général Lamoricière? Ai-je mal parlé de Garibaldi,
de Saint-Simon ou de Béranger? Ah! monsieur!
j'ai fait pis que tout cela : c'est du *Siècle* lui-même
que j'ai mal parlé. Je ne sais plus trop à quelle
occasion ni comment; mais le fait est certain, le
crime est commis, et j'ai été jeté en pâture au million de lecteurs, à cette *bellua multorum capitum*
qui a dévoré tant d'hommes de sens et tant de
gens de bien, sans en devenir ni meilleure ni plus
sage.

Vous ne sentez pas, monsieur, toute l'étendue
de mon infortune. Certes, c'est courir un grand
hasard que de contredire immodérément certains
journaux, et c'est un plaisir qui peut coûter bien
cher; mais au moins, si l'on blesse de ce côté
d'assez redoutables adversaires, le public reste
indifférent à la querelle, et se contente d'étudier
en souriant votre façon de tomber dans l'arène.

Il en est tout autrement du malheureux contra-
dicteur du *Siècle*; il fait coup double, pour ainsi
dire, et trouve moyen d'offenser tout le monde; il
a contre lui les dieux d'en haut et les dieux d'en
bas, et, pendant qu'il combat, il est lapidé par la
multitude. On ne peut donc exagérer la puissance
du *Siècle* ni trop éviter de lui déplaire. On m'a
conté qu'au commencement de la dernière guerre,
Garibaldi, entrant dans je ne sais quelle ville, fut
salué par les acclamations de la foule : « C'est
l'homme du siècle, » criait-on de tous côtés. Le
correspondant d'un journal français qui se trouvait là comprit imparfaitement le cri populaire; il
s'imagina qu'on criait avec enthousiasme en voyant
Garibaldi : « C'est un abonné du *Siècle*, » et il trans-
mit à Paris cet indice curieux de l'universelle popularité du grand journal. Il ne se trompait qu'à
demi. Homme du siècle, abonné du *Siècle*, c'est
tout un; et quiconque ne lit point le *Siècle* ou ne
le respecte point n'est point de son siècle. Oui,
peuple français, toi qui as été jadis représenté dans
le monde par Bossuet, par Molière, par Voltaire,
par tant d'autres génies élégants ou sublimes,

c'est par le *Siècle* aujourd'hui que tu instruis et que tu charmes le monde ; c'est là que les nations étrangères cherchent ce que tu veux et ce que tu penses ; c'est là peut-être que la postérité ira étudier ce que tu vaux. Mais le *Siècle* est trop prudent, trop soigneux de sa gloire, pour laisser sa collection passer à travers les âges ; il imitera sans doute je ne sais quelle belle personne qui, jouissant parmi ses contemporains d'une grande réputation de beauté et ne voulant pas qu'elle fût un jour affaiblie, ne laissa subsister d'elle aucun portrait.

La colère du *Siècle* est bien redoutable : que dirais-je pourtant de l'air aimable et presque tendre de quelques autres journaux qui traitent certaines questions intéressantes avec une engageante maladresse, et qui semblent nous inviter à les réfuter ? « Venez donc, nous dit l'un d'eux, chercher un « peu avec moi quelle est la meilleure forme de « gouvernement.

— « Venez plutôt de ce côté, dit un autre, et « examinons ensemble comment et pourquoi sont « tombés nos divers régimes. Voici mes idées,

« dites les vôtres. » Je ne puis vous cacher, monsieur, que je me sens toujours bien faible devant
des propositions de ce genre; elles me remuent le
cœur, et j'en suis aussi troublé que l'était le
jeune Télémaque débarquant sur le rivage de
Cythère.

« En arrivant dans l'île, dit-il ingénument, je
« sentis un air doux qui rendait les corps lâches
« et paresseux, mais qui inspirait une humeur
« enjouée et folâtre... Je vis de tous côtés des
« femmes et des jeunes filles, vainement parées,
« qui allaient, en chantant les louanges de Vénus,
« se dévouer à son temple. La beauté, les grâces, la
« joie, les plaisirs, éclataient également sur leur
« visage, mais les grâces y étaient affectées. Leur
« air de mollesse, leur parure vaine, leur démarche
« languissante, leurs regards qui semblaient cher-
« cher ceux des hommes, leur jalousie entre elles
« pour allumer de grandes passions, tout ce que
« je voyais dans ces femmes me semblait vil et mé-
« prisable; à force de vouloir plaire, elles me dé-
» goûtaient. »

Je ne suis point si sévère, et l'on allume facile-

ment chez moi une grande passion en me proposant une discussion intéressante. Je n'y puis tenir
lorsque je vois passer et repasser devant mes yeux
de séduisants journaux à la démarche languissante, empêtrés dans leur argumentation mal-
habile, faisant un faux pas de temps à autre, et
cherchant du regard qui voudra bien les relever.
Il me semble voir la nymphe de Virgile :

Et fugit ad salices et se cupit ante videri.

C'est à vous, monsieur, c'est à mes amis à me
bien garder contre la voix de ces sirènes. Traitez-
moi comme Ulysse; bouchez-moi les oreilles avec
de la cire, attachez-moi au mât du vaisseau. Je ne
veux plus rien voir ni rien entendre jusqu'à ce que
nous ayons traversé ces dangereux parages.

———

On remarquera entre la lettre qu'on vient de lire
et la suivante un intervalle de plus de sept mois.
Voici l'explication de ce long silence. Vers le mi-

lieu de 1860, l'opposition libérale sentit le besoin
de discuter devant le public certaines questions de
politique et d'administration avec plus de latitude
qu'on ne pouvait le faire dans la presse périodi-
que, soumise alors comme aujourd'hui aux conditions rigoureuses, établies par le législateur de
1852 dans la plénitude de son pouvoir dictato-
rial.

M. Prévost-Paradol se chargea volontiers d'indiquer, dans une courte brochure, le but et l'esprit général des publications qu'on se proposait
de faire. Telle fut l'origine de la brochure intitulée *les Anciens Partis*, qui, saisie aussitôt, n'a
guère fait que paraître et disparaître sous les yeux
du public. En défendant les anciens partis contre
des accusations de la dernière violence, en invitant
les libéraux de toute nuance à se réunir, non point
pour conspirer, mais pour faire prévaloir par la
discussion la doctrine du *gouvernement du pays
par lui-même*, qui leur est, après tout, commune,
M. Prévost-Paradol était persuadé qu'il n'avait
en rien excédé son droit d'écrivain et de citoyen.
Il doit croire aujourd'hui qu'il s'est trompé, puis-

que la conscience de ses juges en a décidé autrement. Voici, en effet, le jugement rendu dans cette
affaire. Le lecteur n'ignore pas que la publication
des plaidoiries en pareille matière est interdite
par le décret de 1852, et M. Prévost-Paradol n'en
doit que plus de reconnaissance à l'illustre orateur
qui a bien voulu le défendre en sachant que sa
parole, ignorée du public, expirerait à l'enceinte
du tribunal.

TRIBUNAL CORRECTIONNEL DE PARIS (6ᵉ chambre).

PRÉSIDENCE DE M. GISLAIN DE BONTIN.

Audience du 22 juin 1860.

Affaire Prévost-Paradol. — Les Anciens Partis. — *Excitation à la haine et au mépris du gouvernement.*

Par suite de la remise prononcée à la huitaine dernière, cette affaire revenait aujourd'hui devant le tribunal.

L'ordonnance de renvoi comprend trois prévenus :
MM. Lucien-Anatole Prévost-Paradol, âgé de trente ans,
homme de lettres ; François-Henri Beau, âgé de cin-
quante-sept ans, imprimeur à Saint-Germain en Laye ;
Lemercier-Dumineray, âgé de quarante-neuf ans, li-
braire, à Paris. Ils sont inculpés :

1°M. Lemercier-Dumineray, d'avoir, à Paris, en 1860, par la publication d'un écrit intitulé *les Anciens Partis*, par M. Prévost-Paradol, commis le délit d'excitation à la haine et au mépris du gouvernement, notamment dans les pages 17, 18, 27, 32, 33, 34, 35, 40, 41, 42 et 43;

2° M. Prévost-Paradol, en livrant le manuscrit de l'écrit intitulé *les Anciens Partis*, dont il est l'auteur, aidé et assisté avec connaissance de cause l'inculpé Dumineray dans les faits qui ont préparé, facilité et consommé le délit d'excitation à la haine et au mépris du gouvernement;

3° M. Beau, d'avoir, en imprimant ledit écrit, aidé et assisté avec connaissance M. Dumineray dans les faits qui ont préparé, facilité et consommé le délit qui lui est imputé.

M. GENREAU, avocat impérial, a soutenu la prévention.

Mᵉ DUFAURE a plaidé pour M. Prévost-Paradol.

Mᵉ ANDRAL, chargé, en remplacement de Mᵉ Berryer, empêché, de présenter la défense de MM. Dumineray et Beau, s'en est référé à la plaidoirie de Mᵉ Dufaure.

Le tribunal, après une heure et demie de délibération en la chambre du conseil, a rendu le jugement suivant :

« Attendu que le but de l'ouvrage intitulé *les Anciens Partis*, publié par Dumineray, éditeur, dans le cours de la présente année, est de former une ligue de tous les partisans des régimes déchus contre le gouvernement actuel ;

« Que l'auteur ne se préoccupe pas d'examiner dans cet écrit si les coalitions qui ne se forment que pour l'attaque et ne produisent trop souvent que des ruines n'ont point à s'imputer à elles seules la nécessité imposée au gouvernement qui succède à ceux qu'elles ont renversés, de restreindre dans une certaine mesure les libertés publiques pour rétablir le respect dû à l'autorité et à la loi disparu dans les jours d'anarchie et sans lequel nulle société ne peut exister ;

« Qu'il affecte, au contraire, pour réunir les anciens partis monarchiques et le parti républicain sous un même drapeau, malgré les profondes divisions qui les séparent, de ne considérer la forme du gouvernement que comme un accessoire de peu d'importance sur lequel on pourra débattre ultérieurement, et les convie à se concerter, quant à présent, dans un seul but, le renversement du despotisme et la conquête de la liberté ;

« Attendu notamment qu'à la page 17 de l'ouvrage incriminé, répudiant pour les partis qu'il veut réunir la qualification d'anciens partis, il signale « comme le plus « ancien de tous les partis l'alliance vieille comme le « monde de la démagogie et du despotisme, le désir « inique de la toute-puissance faisant un pacte avec « l'instinct aveugle de l'égalité », ajoutant que « ce parti « est celui qui a fondé la vaste tyrannie des Césars aux « acclamations de la populace romaine, et qu'il a encore « sur les mains le sang de Caton ; »

Qu'en vain, par une habileté de langage, l'auteur a pris la précaution de dire « qu'il voulait quitter un « instant les affaires contemporaines, se boucher les yeux « et les oreilles, et rechercher par pure curiosité philo- « sophique quel était ici-bas le plus ancien de tous les « partis ; » qu'il n'en est pas moins évident qu'il a voulu désigner le gouvernement actuel comme renouvelant le despotisme des Césars, puisqu'il déclare « qu'en vain « le christianisme et la philosophie ont fait la guerre à « ce vieil ennemi de la dignité humaine, qu'il renaît « sans cesse et n'a point encore fini d'infester la terre, « et que le plus nouveau de tous les partis, le plus digne « de la sympathie des âmes généreuses, est celui qui res- « semble le moins à celui-là », indiquant ainsi, de ma- nière à ce que nul ne puisse s'y méprendre, qu'il y a entre le parti qui soutenait la tyrannie des Césars, les tyrannies de l'Orient et de la Grèce, et celui qui sou- tient aujourd'hui l'Empire, une certaine ressemblance ;

« Attendu qu'à la page 27 du même ouvrage, l'écri- vain, après avoir exprimé l'opinion que les débats qui porteraient sur la forme du gouvernement futur ne por- teraient que sur des questions d'un intérêt secondaire, ajoute que, « sans s'arrêter aux dehors de la forme et « du nom, il faut aller droit à ce qu'ils recouvrent ; que « le despotisme c'est l'alliage, et que l'or pur c'est la li- « berté », et qu'il provoque ainsi la reunion des partis les plus opposés à l'œuvre de destruction dans un intérêt qui leur est commun ;

« Attendu qu'en suivant le cours de cette publication,

et spécialement dans les pages 32, 33, 34, 35, 36, 40
et 41, incriminées par l'ordonnance de renvoi, l'écrivain s'attache à représenter la France comme réduite à
une condition entièrement passive et comme étant le
jouet d'une volonté supérieure, soit qu'il s'agisse de ses
intérêts politiques dans la guerre, ou de ses intérêts industriels et commerciaux dans la paix ; qu'il dépeint
avec amertume l'infériorité dans laquelle là Constitution
de l'Empire la maintient à l'égard des autres nations,
quoiqu'elle soit digne d'une égale liberté, et qu'il la
montre comme absorbée par les événements extérieurs,
insoucieuse et distraite d'elle-même, livrée incessamment, et sans qu'elle y consente, aux aventures qui se
succèdent, de même qu'on tient suspendue la curiosité
attentive d'un auditoire par des représentations drama-
tiques qui se renouvellent sans aucun intervalle ;

« Attendu que tous ces faits constituent le délit d'excitation à la haine et au mépris du gouvernement ;

« Attendu que Dumineray convient avoir édité et publié l'ouvrage intitulé *les Anciens Partis*; que, la publication étant seule constitutive du délit, Dumineray
doit en être réputé le principal auteur ;

« Que Prévost-Paradol, en composant, et Beau, en
imprimant ledit ouvrage, se sont rendus complices de
ce délit en fournissant à Dumineray les moyens de le
commettre ;

« Que les trois prévenus ont ainsi commis le délit
prévu par les articles 4 du décret du 11 août 1848, 59
et 60 du Code pénal ;

« Par ces motifs, faisant application desdits articles et néanmoins modérant la peine, attendu les circonstances atténuantes, par application de l'article 463 du Code pénal, en ce qui concerne Dumineray et Beau,

« Condamne Prévost-Paradol à un mois d'emprisonnement et 3,000 fr. d'amende;

« Dumineray à 3,000 fr. d'amende;

« Beau à 500 fr.;

« Ordonne la confiscation des exemplaires saisis;

« Condamne les prévenus solidairement aux dépens. »

Après le jugement qu'on vient de lire, M. Prévost-Paradol cessa d'écrire sur la politique et s'occupa exclusivement d'études littéraires. Cependant, vers la fin de 1860, à la suite du décret du 24 novembre, et après une circulaire de M. de Persigny qui semblait devoir élargir le champ de la discussion tolérée par le gouvernement, M. Prévost-Paradol écrivit de nouveau sur les affaires publiques, et au commencement de 1861 il reprit le cours interrompu de ces *Lettres*.

VII.

Le décret du 24 novembre. — Les promesses de M. de Persigny. — De la nécessité de la présence des ministres au parlement.

13 janvier 1861.

Monsieur,

C'est sur la foi des traités que je reprends la plume. On nous a dit (et nous avons accueilli cette parole avec reconnaissance) : « N'attaquez point la forme du gouvernement ; ne contestez point au chef de l'État le pouvoir qu'il tient de la Constitution, et discutez librement tout le reste ; il n'est point de questions défendues, il n'est point de personnes inviolables ; servez-vous, en ce qui touche la conduite des hommes et la direction des affaires, de cette liberté de la parole qui fleurit chez nos voisins sans porter atteinte à

leur grandeur. » Nous acceptons cette liberté et
nous en ferons un loyal usage. Certes, nous
l'exercerions avec plus de sécurité si la justice, si
le jury surtout, étaient seuls appelés à en réprimer
les écarts ; nous sommes loin cependant de ne voir
aucune garantie dans la promesse qui nous a été
faite et dans l'invitation qui l'accompagne. De
telles promesses ont de tout temps porté plus de
dommages à ceux qui les oublient qu'à ceux qui
les ont acceptées de bonne foi et de grand cœur ;
et, dans ce temps agité où les Constitutions, les
réformes, les engagements de tout genre, pleuvent
sur l'Europe, nous ne connaissons pas de gouvernement qui ne soit intéressé à habituer les hommes à compter sur sa parole.

Nous ne connaissons pas non plus d'Opposition
qui ne soit intéressée à faire preuve de bon sens
et de bonne foi, et de toutes les Oppositions qui
peuvent exister dans le monde, l'Opposition libérale de France nous semble, à cet égard, sous le
poids d'une obligation particulière. Elle est placée entre un gouvernement déshabitué de la
liberté au point de supporter difficilement tout

contrôle, et une nation dégoûtée des révolutions au point de tout sacrifier à son repos. Une seule chose peut rendre à cette nation quelque goût (soyons plus modestes), quelque indulgence pour ces libertés constitutionnelles que l'Opposition libérale s'efforce de lui conquérir : c'est la crainte de voir ce repos lui-même compromis par la trop grande latitude accordée au pouvoir exécutif, et par les complications étrangères dans lesquelles la France peut se trouver entraînée sans avoir été, en temps opportun, avertie ni consultée. C'est en s'appuyant sur ce sentiment, si général et si légitime, que l'Opposition libérale a quelque chance de se faire écouter lorsqu'elle réclame des garanties nouvelles ou le développement des garanties existantes : hors de là, de quelque illusion qu'elle se berce et quelque ingénieux ou passionné que soit son langage, elle excitera, dans ce pays fatigué, moins de sympathie que d'inquiétude.

Le premier intérêt de l'Opposition libérale, en même temps que son premier devoir, est de prendre très au sérieux, comme vous l'avez fait ici, monsieur le rédacteur, et comme je l'ai fait ailleurs, le décret du 24 novembre. Je n'aime pas à revenir sur mes propres écrits, et, contre la mode du temps, je ne me sens pas trop enclin à me louer moi-même; mais, s'il est quelque chose dont je sois tenté de me féliciter, c'est de n'avoir pas hésité un seul instant dans l'interprétation que j'ai donnée de ce décret et dans les justes espérances qu'il m'a fait concevoir[1]. De quelque manière qu'on puisse essayer de le restreindre, quelque détour qu'on puisse imaginer pour en atténuer l'application (et je mets les choses au pire, car pourquoi parler de restriction ou de détour), ce décret contient deux choses qu'on n'en peut désormais effacer, et qui rétablissent parmi nous les deux bases principales d'un gouvernement libre :

1° La présence des ministres à la Chambre élective;

2° La publicité complète et immédiate des discussions de cette assemblée.

[1] Voir le *Journal des Débats* du 28 novembre et du 2 décembre, et la brochure publiée, chez M. Michel Lévy, sous ce titre : *Du Gouvernement parlementaire, le décret du 24 novembre.*

Je dis la présence *des ministres* à la chambre,
monsieur le rédacteur, d'abord parce qu'il importe beaucoup moins qu'on ne pense qu'ils y
viennent tous, et ensuite parce qu'ils ne tarde-
ront guère à vouloir tous y venir. Il importe peu
qu'ils y viennent tous, puisque ceux qui seront
présents répondront pour les actes des autres, et,
si tous les ministères à venir ont trois orateurs
capables de parler, ils n'auront rien à envier
aux ministères du passé; de plus, les ministres
viendront bientôt tous à la Chambre, parce
que cela est dans la nature humaine, et qu'il
ne suffit pas d'être ministre pour perdre l'instinct bien naturel qui nous porte à croire que
nous nous entendons mieux que personne à faire
comprendre et à faire valoir nos opinions et
notre conduite. J'ai entendu dire que le roi
Louis-Philippe, qui n'a peut-être eu d'autre défaut (défaut bien grave, il est vrai, pour un roi
constitutionnnel) que d'aimer à être lui-même
son premier ministre, se laissait aller parfois à
déplorer que la Charte et l'usage l'empêchassent
d'aller lui-même exposer à la Chambre toutes les

bonnes raisons qù'il sentait se presser dans son esprit en faveur de sa politique. Comme Louis XIV au passage du Rhin, il se plaignait volontiers de sa grandeur qui l'attachait au rivage, et disait quelquefois à ses ministres : « Ah ! si j'étais à votre place, comme je leur dirais telle et telle chose! »

Nous sommes tous comme le roi Louis-Philippe en ce point, et nous expliquer par procuration nous sourit peu. Si j'étais M. de Persigny, par exemple, et qu'on vînt à parler à la Chambre des élections municipales de Marseille ou de telle élection législative, il me semble que je brûlerais d'envie de venir justifier mes agents ou les blâmer moi-même. Si j'étais le ministre de la justice et qu'on demandât pourquoi la loi suit son cours dans telle affaire et pourquoi elle paraît comme suspendue dans telle autre ; pourquoi telle égratignure reçue ou donnée dans un duel est punie de la prison, tandis qu'une affreuse blessure reçue dans un autre, au milieu des circonstances les plus tragiques, est restée invisible à la justice [1], il me

---

[1] Le duel de M. de Pène, par exemple.

semble que je serais jaloux de ne laisser à personne le soin de prouver que je n'ai couvert de
mon nom aucune exception au principe sacré de
l'égalité devant la loi, ou que cette exception était
nécessaire et que la nation doit la souffrir. Qu'il
me serait aisé, monsieur le rédacteur, de parcourir ainsi chaque ministère et d'y trouver des raisons suffisantes pour que chaque ministre, la
porte de la Chambre une fois entr'ouverte, se sente
obligé et tenté de venir loyalement s'expliquer
devant les représentants du pays! Or c'est là tout
le secret du gouvernement constitutionnel, et tout
ministre qui entre à la Chambre y apporte une
garantie de plus.

Mais cette Chambre elle-même, me direz-vous,
monsieur le rédacteur, vous offre-t-elle des garanties suffisantes d'indépendance, et n'avez-vous
point inutilement réclamé qu'elle fût dissoute et
renouvelée? — Je l'ai demandé, il est vrai, et je
n'étais point le seul, mais beaucoup moins par un
sentiment de défiance que par un sentiment de
justice. Il y a, quoi qu'on en dise, une sorte de
contrat entre les électeurs et leurs députés, et les

députés qu'on a choisis pour remplir un certain rôle me semblent avoir besoin de nouveaux pouvoirs pour en accepter un autre. Pourriez-vous nier, monsieur, que le rôle de ces députés soit agrandi au point d'en être changé? L'éloquence n'était pas chez eux très-nécessaire, puisque le public ne devait écouter que l'écho affaibli de leur voix. La connaissance des affaires étrangères ne leur était point indispensable, puisqu'ils n'étaient légalement exposés à entendre parler de notre politique extérieure que dans les occasions où il fallait l'appuyer après coup par quelque mesure financière. Enfin, l'art précieux d'interroger avec une clarté salutaire les chefs de l'administration, et de rendre ainsi tout abus presque impossible, leur était superflu, puisqu'ils ne couraient pas le danger de rencontrer aucun ministre, et devaient strictement se borner à l'examen des questions qui leur étaient soumises. Il en est autrement aujourd'hui, et quel amer regret pour tous les bons citoyens, si les nouveaux et utiles instruments de contrôle qui sont remis à la nation languissaient entre les mains de cette assemblée, faute d'expérience ou de courage !

Il n'en sera pas ainsi, monsieur le rédacteur, j'en suis bien convaincu. J'en ai pour garant l'énergie du sentiment public qui se fera jour dans cette Chambre, et communiquera aux plus paisibles de ses membres une ardeur dont ils seront eux-mêmes étonnés. La France ne s'échauffe plus pour des théories : loin d'avoir embrassé les dogmes de cette école absolutiste qui fleurit parmi nous, et dont on écrira quelque jour la curieuse histoire, elle ne les a pas même compris et ne se soucie pas de les comprendre ; d'un autre côté, si pour être libéral il faut aimer la liberté en elle-même comme une chose belle plutôt que comme une chose utile, la France, qui a été libérale de cette glorieuse façon, et qui le redeviendra, je l'espère, n'en est plus là aujourd'hui. Mais il est deux choses qu'elle veut avec passion, et par les motifs les plus puissants et les plus respectables : la première, c'est de surveiller d'assez près notre politique extérieure pour n'être point précipitée dans la guerre sans avoir eu le temps de la prévoir ou le moyen de l'empêcher ; la seconde, c'est de surveiller avec efficacité et de conduire elle-

même avec autorité ses affaires financières et d'y
maintenir l'ordre, la clarté et l'économie ; en un
mot, la France veut rester la maîtresse incontestée
et active de son sang et de son argent. Quelle volonté fut plus légitime? Qui veut la fin veut les
moyens ; et, si la France est un jour convaincue
qu'elle ne peut conserver ces grands biens que par
le moyen des Assemblées, des élections et des
journaux, alors seulement la France se sentira
intéressée à l'autorité régulatrice du parlement,
à la sincérité absolue des élections, à la liberté
raisonnable de la presse. Soyez-en certain, monsieur le rédacteur, chaque volonté de la France
qui tendra à se faire respecter nous vaudra, par
la force des choses, une liberté de plus, et la défense des grands intérêts publics est le seul chemin qui pourra nous conduire à des institutions
libres.

Pour moi, je ne puis m'empêcher de considérer
avec une émotion patriotique ces jours encore in-
connus de l'année qui s'avance. Quels événements
doivent les remplir? Que nous apportent-ils? Dieu
le sait! Mais, s'ils étaient vraiment féconds pour

nos libertés, que manquerait-il à notre grandeur ?
Ne se sent-on point animé de je ne sais quelle
noble confiance au sein de cette nation vigoureuse,
presque seule debout au milieu du trouble universel et du contagieux ébranlement des vieilles
sociétés de l'Europe. Il semble que tout s'écroule
autour de nous, et que nous sommes enveloppés
d'un nuage de poussière ; mais notre unité nationale, notre patriotisme, la jouissance paisible
de quelques-uns des grands biens sortis de la Révolution française, nous remplissent d'une calme
assurance, et nous contemplons avec sécurité tant
de ruines. Dieu nous garde cependant d'un aveugle orgueil ! Nous portons dans notre sein de
redoutables problèmes ; nous sommes enchaînés
par l'ignorance et travaillés par les mauvaises
passions, presque autant que ceux qui nous entourent ; enfin, nous cherchons encore, soixante-
dix ans après la Révolution française, comment la
démocratie peut s'accommoder de la liberté. Que
de raisons d'être humbles, prudents, laborieux,
fermes dans notre devoir et dans l'amour sincère
de ce grand pays !

IX

Du principe des nationalités et de ses conséquences.

27 janvier 1861.

Monsieur,

Le monde moral comme le monde physique a ses épidémies, et la santé des esprits paraît à certains moments de l'histoire aussi gravement et aussi généralement troublée que celle des corps. Mais il y a entre ces deux sortes d'épidémies cette heureuse différence, que celle qui atteint les corps ne peut guère produire que du mal, et que celle qui émeut les esprits amène parfois de grands biens, achetés par de grands maux. La maladie qui accompagne la première conduit

le plus souvent à la mort ; les angoisses de la seconde sont parfois le signe et le prix d'un enfan-
tement, et en face de son nouveau-né la mère
oublie volontiers toutes ses douleurs.

Que sortira-t-il, monsieur, de cette épidémie
contemporaine qu'on s'accorde à baptiser : *le
principe des nationalités?* Que restera-t-il de ce
délire ethnologique qui s'est emparé de la plupart des cerveaux de l'Europe, et qui, s'alliant
tant bien que mal à la grande et salutaire contagion de la Révolution française, produit dans les
esprits et dans les événements de si bizarres
contrastes? Le mélange des deux contagions et
le langage singulier qui en résulte dans la bouche
de ceux qui les sentent toutes deux fermenter ensemble dans leur tête, toucheraient à la comédie
si l'action de la pièce, bien différente du style,
n'était pas des plus sérieuses et ne tournait pas
rapidement au tragique. Quoi qu'il en soit, le
déluge, si déluge il y a, aura été précédé de la
tour de Babel et de la confusion des langues. On
aura entendu invoquer en même temps par les
mêmes bouches la version la plus fraîche des

Droits de l'homme et les chartes les plus oubliées du moyen âge, l'imprescriptible liberté de tout citoyen venant au monde et la hiérarchie traditionnelle des races conquérantes ou conquises, le droit féodal et le niveau égalitaire, l'autorité des fils de Charlemagne et l'opinion des amis de Robespierre. Mais ce qu'il y a d'étrange dans ce spectacle ne doit pas nous abuser sur ce qu'il a de terrible ni sur la réalité de tout ce qui se passe.

Le principe des nationalités est aujourd'hui à l'œuvre en Europe, et bien que, comme la plupart des principes, il doive perdre de sa force et s'amortir avant d'être arrivé à ses dernières limites et d'avoir produit toutes ses conséquences, il n'en est pas moins certain qu'il laissera des traces profondes de son passage, et qu'avant de faire place à quelque autre cause d'agitation parmi les hommes, il aura ébranlé plus d'un État et renversé plus d'une frontière. Lorsqu'un principe nouveau, ou, ce qui revient au même, lorsqu'un principe ancien, rajeuni dans les esprits et doué d'une force nouvelle, fait son entrée dans le monde, il faut se demander si l'on veut chercher à prévoir les effets qu'il peut y produire, dans quelle situation il trouve chaque peuple et de quelle manière il doit affecter ou modifier son existence. C'est en étudiant avec soin l'état de l'Europe au moment où la réforme y fit invasion, que l'écolier de nos colléges se rend compte des changements que la réforme y devait accomplir. C'est par le même procédé qu'on peut expliquer pourquoi tel pays a été ébranlé, tel autre épargné par le contre-coup de la Révolution française. Voyons donc dans quel état l'invasion du principe des nationalités surprend aujourd'hui l'Europe.

Le principe des nationalités, dont le dernier terme serait de rendre à chaque race son indépendance et de la constituer en corps de nation distinct, menace aujourd'hui l'existence de tout grand État qui n'a point profité des deux derniers siècles pour arriver à une parfaite et irrévocable unité. Qu'est-ce, en effet, que les races, sinon les matériaux mêmes dont les grandes nations se composent? La politique, la guerre, une longue paix, la jouissance en commun des biens de la vie, une solidarité soutenue à travers la bonne

et la mauvaise fortune, unissent parfois ces races
et les confondent au point d'effacer toute diversité
dans leurs langues, dans leurs opinions et dans
leurs mœurs, et de constituer avec leurs débris
un grand corps dont aucun fragment ne peut plus
se détacher sans un déchirement douloureux,
création artificielle, si l'on veut, mais sublime,
et dont notre propre pays offre le plus parfait
exemple. Le grand peuple qui, du Rhin aux Pyrénées, parle la même langue, est agité des mêmes
idées, des mêmes passions, et croit sentir à Paris
les battements de son cœur, est un être vivant et
indestructible, et le principe des nationalités qui
ébranle tout autour de lui vient deux ou trois siècles trop tard pour l'entamer.

Mais parmi les peuples qui tendaient aussi à
devenir des personnes, et qui suivaient d'un pas
inégal ce grand mouvement de l'unité française,
il en est qui se trouvent attardés sur la route, et
le principe des nationalités, trouvant aisément le
défaut de leur cuirasse, menace de leur laisser de
larges blessures. On peut dire que l'Autriche a
été comme surprise en chemin par cette brusque

attaque, au moment même où, ayant pris le temps
de respirer après la secousse de 1848, elle se re-
mettait laborieusement en route vers l'unité. C'est
alors que toutes les races dont elle se compose,
et qu'elle n'a pas eu le temps de confondre, ont
recommencé à frémir dans son sein et ont voulu
vivre d'une vie distincte, qui n'est rien moins que
la mort de ce grand empire. Mieux vaut cependant
être une fédération que de ne pas être, et languir
dans le relâchement que se séparer pour s'anéan-
tir. De là cette tentative si honorable, quelle qu'en
soit l'issue, à laquelle nous assistons aujourd'hui.
M. de Schmerling dit à toutes ces races : « Vous
voulez être des nations, gardez vos langues et vos
lois ; vous vous administrerez vous-mêmes, soit.
Nous renonçons à cette unité que nous espérions
naguère atteindre ; mais conservons au moins un
centre d'action, un nom, un drapeau, et ne laissons pas l'Autriche disparaître de la carte du
monde. Ayez tous vos assemblées nationales, mais
envoyez vos députés à une assemblée centrale et
discutons en commun nos affaires communes.
Qui osera dans cette Assemblée mettre l'intérêt

de sa nationalité au-dessus du salut de toutes les
autres? qui osera le premier rompre ce dernier
lien qui fait la sûreté de tous, et dire d'une voix
haute et claire : « Nous ne voulons plus qu'il y ait
d'Autriche? » Si jamais une démarche opportune
et courageuse a été faite pour tenir tête à un grand
péril, c'est celle-là ; et cet effort suprême pour
faire vivre sous forme de fédération un grand
empire menacé de mort, mérite l'attention bien-
veillante de la postérité, alors même qu'il n'aurait
pas l'appui de la Fortune.

Comme l'électricité qui sépare ici les métaux
et qui plus loin les assimile, le principe des nationalités, se glissant partout, fait espérer aux
uns une nouvelle grandeur en même temps qu'il
précipite la perte des autres. Ce n'est pas seulement l'Italie qui se flatte de sortir comme une
grande nation de ce tumulte où elle est entrée
asservie et divisée ; notre voisine, la Prusse,
nourrit aussi des pensées ambitieuses, et ces
mots de *nationalité* et d'*unité* qui blessent ses
oreilles si on les prononce en Italie, chatouillent
son cœur lorsqu'on les murmure en Allemagne.

Ces mots ne signifient pas seulement pour elle
l'abaissement de l'Autriche, mais sa propre élé-
vation sur cet amas de ruines. Le drapeau alle-
mand est dans sa main, et elle le montre comme
un signe de ralliement futur à toutes ces fractions
de l'Allemagne qui s'appuyaient sur l'Autriche et
qui flotteraient déconcertées après ce grand nau-
frage. Mais il y a une tache sur ce drapeau, et
c'est une étrange contradiction que de parler de
nationalité, d'unité et de patrie, et de vouloir, au
nom de la langue et du sang, arracher le Holstein
au Danemark lorsqu'on retient soi-même un des
lambeaux de la Pologne.

Quoi d'étonnant si la Pologne se sent réveillée
enfin par ce mouvement universel, si elle s'agite
dans sa tombe et si elle dit à son tour : « Qui
« peut parler de *nationalité* et prétendre m'ou-
« blier? Quelle nationalité fut plus incontestable que
« la mienne, plus glorieuse, plus utile à l'Europe
« et plus indignement outragée? Comment ceux qui
« m'ont déchirée et qui tiennent aujourd'hui mes
« membres séparés les uns des autres, osent-ils
« parler sans rougir du droit des peuples, de l'in-

« dépendance des races, de la reconstitution des
« États sur des principes plus conformes à la justice?
« Il faut commencer par me faire revivre et me
« remettre debout, ou je ne cesserai de m'agiter,
« et un jour viendra où, comme l'Italie, je serai
« payée de ma peine. » Mais la Pologne ne peut
faire entendre le plus léger murmure sans rapprocher immédiatement ses maîtres par la com-
munauté d'un grand péril, et il n'est pas difficile de prédire que ce tombeau toujours entr'-
ouvert sera le véritable champ de bataille où
le principe des nationalités remportera sa dernière victoire ou essuiera sa défaite décisive. C'est
le jour seulement où il aura refait une Pologne
qu'il aura prouvé son droit à remanier le monde,
et il viendra inévitablement inaugurer son règne
ou terminer le cours de ses agitations dans cette
suprême épreuve.

Qu'avons-nous enfin à espérer ou à craindre,
monsieur le rédacteur, de ce mouvement universel,
et en quoi le principe des nationalités, triomphant
ou vaincu, peut-il influer sur notre fortune? S'il
est vaincu par toute l'Europe, sa défaite ne porte

aucune atteinte à notre grandeur, car nous ne
sommes ni moralement ni matériellement engagés dans ses tentatives. Il faudrait toutefois, pour
nous permettre de garder la paix avec honneur,
que le Piémont, qui verrait alors s'écrouler toutes
ses espérances, gardât du moins la Lombardie, ce
gage de la Savoie et de Nice, qui ne doivent jamais
nous être contestées. Mais, à part ce grand et clair
intérêt, nous ne sommes engagés ni à conserver
au Piémont le fruit de ses dernières et téméraires
entreprises, ni à aider les peuples de l'Autriche à
la dissoudre, ni à encourager le soulèvement de
la Pologne. La France peut, s'il lui plaît, assister
en paix à toutes ces agitations et à leur résultat
suprême. Si, au contraire, le principe des nationalités l'emporte, et s'il modifie profondément la
force relative des États qui nous entourent, nous
sommes fondés à chercher les moyens de conserver notre rang dans le monde et d'assurer notre
sécurité. Nous qui étions entourés d'États de second ordre, et qui avions pour politique séculaire
de les maintenir comme d'utiles intermédiaires
entre nous et les grandes nations militaires de

l'Europe, nous ne saurions voir avec une aveugle indifférence cette ceinture protectrice disparaître pour faire place à des nations d'une importance au moins égale à la nôtre. Ce n'est pas seulement une Italie de vingt-deux millions d'hommes que le principe des nationalités tend à créer sur une de nos frontières ; s'il l'emporte, il fera peser sur notre flanc une Allemagne unie de cinquante millions d'hommes, et nous ne connaissons pas de Français qui ne doive considérer, si cela arrive, la rectification de cette partie de nos frontières comme une compensation à peine suffisante pour un tel changement dans l'équilibre de l'Europe.

Mais nous ne connaissons pas non plus de Français raisonnable qui ne souhaite voir écarter de nous de telles nécessités et les chances diverses qui les accompagnent. Nous faisons tous des vœux pour la paix, qui est le gage de la liberté. Si cette année ne nous apporte point la guerre, elle nous permettra, n'en doutez pas, de ressaisir une juste influence sur nos affaires, et de porter l'ordre avec la lumière dans tous les coins de notre grande demeure. Il n'est point de conquête qui vaille celle-là, nous le répétons, et sans celle-là toutes les autres sont précaires. Nous le savons par expérience ; puisse le souvenir du passé nous assurer un meilleur avenir !

X

Le discours du trône. — Le memorandum du 25 septembre. — Déclaration de la France aux souverains réunis à Varsovie. — La dette et le budget. — Les chambellans à la Chambre. — Contradictions du système consultatif.

10 février 1861.

Monsieur,

Nous conserverons la paix! Laissez-moi commencer par cette parole de joie et d'espérance. Non-seulement la France la désire, mais l'Empereur la veut, et cet accord nous l'assure; car ce n'est point l'Europe, avide de repos et éclairée sur notre puissance, qui songerait à nous provoquer.

Que tout ce qu'il y a en France d'hommes justes et sensés veuille la paix, c'est ce que vous savez aussi bien que moi, monsieur le rédacteur,

et ceux qui ont assisté à la séance d'ouverture de
notre session législative ont une raison de plus
pour n'en pas douter. Deux passages dans le discours du Trône ont été applaudis plus que tout le
reste, et avec une sorte de passion, par cet immense
auditoire. Le premier est celui où l'Empereur a dit
que la France condamne tout ce qui viole le droit
des gens et la justice. Le second est celui où il est
parlé de l'infortune si noblement supportée du roi
de Naples. Ces applaudissements, volontairement
répétés et unanimes, veulent-ils dire que la révolution italienne est vue avec déplaisir parmi nous
et qu'on souhaite sa ruine? Nullement. Mais on a
voulu applaudir avec une insistance significative
tout ce qui indiquait, dans les paroles du souverain, la ferme intention de ne point engager, au
delà des conditions de la paix de Villafranca, la
protection et l'épée de la France. Je vous écrivais,
il y a quinze jours, monsieur le rédacteur, qu'en
dehors de la cession de la Lombardie au Piémont
et de l'abolition des traités particuliers de l'Autriche avec les princes italiens, nous n'avions rien
à garantir en Italie, et que, si le Piémont avait

persisté à s'agrandir par des moyens contestables et malgré nos conseils, nous n'étions, grâce à Dieu, ni moralement ni matériéllement engagés dans ses entreprises. Les applaudissements de lundi dernier ne prouvent qu'une chose : c'est qu'en ce point nos opinions et nos vœux se confondent avec les opinions et les vœux du public.

Il ne suffirait pas cependant pour nous rassurer, monsieur le rédacteur (nous le savons mieux que personne et nous en convenons sans peine), que cette façon d'envisager la question d'Italie fût la plus répandue en France, si elle n'était en même temps partagée par l'Empereur. Mais, grâce à Dieu, l'Empereur est depuis longtemps, sur ce point, de l'avis de tout le monde, et nous en retrouvons, dans l'Exposé de la situation de l'Empire (*Moniteur* du 6 février), le sincère et instructif témoignage. Cet exposé révèle une circonstance importante depuis longtemps connue en Europe, mais qui n'avait pas encore été portée officiellement à la connaissance du public français. Sagement préoccupé de l'entente qui pouvait s'établir entre diverses puissances à l'entrevue de Varsovie,

l'Empereur a communiqué, par l'intermédiaire de
la Russie, aux souverains réunis dans cette ville,
une Déclaration dans laquelle était fixée la conduite à venir de la France dans la question italienne. Libre de tout engagement, répudiant toute
solidarité dans les envahissements du Piémont,
déterminé à ne le point soutenir dans une agression quelconque contre l'Autriche, et à le laisser
seul en subir les conséquences, le gouvernement
français a déclaré, dans le *memorandum* du 25
septembre, qu'il se bornera, quoi qu'il arrive, à
maintenir les avantages que le traité de Villafranca
assure à la Sardaigne, et les limites que ce même
traité a imposées à la domination autrichienne en
Italie. La volonté de l'Empereur est donc conforme
sur ce point à celle du pays et de la Chambre;
on aurait eu peut-être quelque peine à entraîner
le Corps législatif dans la voie opposée; mais dans
le chemin qu'on lui indique aujourd'hui, on peut
être assuré de sa résolution et de sa gratitude.
L'appui de l'opinion publique ne lui fera d'ailleurs
point défaut; il ne faut chercher cette opinion ni
dans les journaux qui veulent mettre la France à

la tête d'une réaction générale, ni dans les journaux qui veulent nous contraindre à mettre la
dernière main à l'unité italienne ou à garantir le
Piémont au prix de notre sang contre les suites
de ses entreprises : le discours de l'Empereur, et
la déclaration faite à Varsovie, voilà la vraie mesure de l'opinion de la France.

Après tout, les Piémontais sont-ils si fort à plaindre de la situation qui leur est faite? Si l'on voulait traduire le *memorandum* du 25 septembre,
voici à peu près ce qu'on pourrait en tirer à l'a-
dresse des Piémontais : « Faites-nous seulement
« la grâce de ne point attaquer l'Autriche au prin-
« temps, et rien ne vous troublera dans l'achève-
« ment et dans la consolidation de vos récentes
« conquêtes. Ce sera impunément que vous aurez
« envahi, à la suite de la révolution et quelquefois
« avant elle, tous les États de l'Italie ; ce sera im-
« punément que vos ambassadeurs auront déposé
« les souverains près desquels ils étaient accrédi-
« tés, et leur auront parfois succédé en qualité de
« dictateurs ; ce sera impunément que vous aurez
« laissé partir de vos ports les vaisseaux et l'armée

« de Garibaldi, en le désavouant hautement à la
« face de l'Europe, pour voler à son secours quel-
« ques jours plus tard, au moment où il allait suc-
« comber ; ce sera impunément que vous aurez as-
« siégé dans son dernier asile un souverain auquel
« vous n'avez pas même pris le temps de déclarer
« la guerre ; ce sera impunément que vous aurez
« fusillé par centaines les électeurs dont vous nous
« avez compté les suffrages, et qui, à vous en-
« tendre, vous auraient unanimement livré leur
« patrie. Non-seulement vous aurez fait tout cela
« impunément, mais vous l'aurez fait avec profit,
« si vous consentez seulement à ne point mettre
« l'Europe en feu par une agression insensée. Si
« pourtant vous refusez d'écouter ce conseil, la
« France, au risque d'être taxée par vous d'ingra-
« titude, aura le courage de vous refuser cette
« fois son sang pour vous aider à violer jusque
« dans son dernier article la paix qu'elle a jurée. »

Voilà ce que le *memorandum* du 25 septembre
dit au Piémont, et, dût-il s'en trouver offensé, ce
qu'à Dieu ne plaise, il fera bien de prêter l'oreille
à ce dernier mot de la France.

Revenons enfin à nos propres affaires, monsieur
le rédacteur, qui me touchent bien autrement que
celles du Piémont ; n'avons-nous pas aussi nos
conquêtes à entreprendre, et celles-là les plus
inoffensives, les plus indispensables surtout qu'on
puisse imaginer. Relisons donc ensemble, au point
de vue de nos propres affaires, le discours de
l'Empereur, et discutons-le avec cette liberté respectueuse que la Constitution autorise, disons
mieux, qu'elle nous impose ; car ce n'est pas de
notre plein gré que nous nous trouvons en face de
l'œuvre personnelle du souverain, et vous savez
assez que son irresponsabilité, sincèrement prati-
quée, nous mettrait plus à l'aise. Mais il faut
prendre la Constitution comme elle est et s'en
servir loyalement pour la défense des grands intérêts du pays. Le discours du Trône est aujour-
d'hui l'œuvre d'un souverain responsable, comme
il était jadis l'œuvre du président responsable du
conseil des ministres. Il faut donc l'accepter en
silence ou le discuter comme on discutait jadis
les paroles mises dans la bouche du souverain
par M. Thiers et par M. Guizot. Mais le rétablis-

sement de l'Adresse dit assez clairement que l'Empereur n'entend point qu'on accepte ses paroles en silence ; il veut, au contraire, qu'on les discute avec une entière liberté : c'est donc ce que nous allons faire avec notre bonne foi accoutumée, et sans oublier, nous l'espérons, aucun des égards qui sont dus au chef de l'État.

Nous passons volontiers sur le passage du discours du Trône relatif à l'état de nos finances, et nous ne voulons point discuter ici les moyens par lesquels on arrive depuis quelques années à présenter à la Chambre un budget en équilibre. C'est dans le sein même de cette assemblée que peut être traitée avec fruit cette question si importante. Jusqu'à ce jour, l'influence du Corps législatif sur la fixation et sur l'emploi des dépenses publiques a été insuffisante[1] ; mais nous devons rappeler, à l'honneur de cette assemblée, qu'elle a plusieurs fois réclamé le droit de voter le budget par chapitres, et nous ne doutons point qu'elle exprime le même vœu cette année, en ré-

---

[1] M. Fould devait dire neuf mois plus tard *presque illusoire.* — *Moniteur* du 14 novembre 1861.

ponse à ce passage du discours du Trône. Ce droit, qui n'était pas contesté à nos anciennes assemblées, n'était pas sans utilité, si l'on en juge par la comparaison des budgets d'autrefois et des budgets d'aujourd'hui. Qu'il y ait dans les dépenses d'un grand État un accroissement nécessaire et légitime, c'est ce que personne ne songe à nier; mais il importe d'autant plus que les députés du pays aient tous les moyens imaginables de contrôler cet accroissement et de le renfermer dans de justes bornes. Combien ce contrôle vous paraîtra plus urgent que jamais, monsieur le rédacteur, si vous parcourez le travail si court et si clair que M. Casimir Périer vient de publier sur les *Finances de l'Empire*[1]. Vous verrez dans cette étude que les dix-huit années de la monarchie de juillet ont inscrit en tout 12 millions de rente sur le grand-livre de la dette publique; et que, depuis le jour de sa chute jusqu'à ce jour, c'est-à-dire dans l'espace de douze années, près de 159 millions de rentes ont été inscrits sur ce même grand-

---

[1] Une brochure à 1 franc, chez Michel Lévy.

livre. Sur cet énorme chiffre, les quatre années de
la République figurent pour 53,923,000 francs
de rentes, et les huit années de l'Empire pour
84,533,000 francs. Ce lourd fardeau imposé à
l'avenir a-t-il allégé du moins des charges du présent? Voici la réponse de M. Casimir Périer : Le
budget de 1861 dépasse de 352 millions celui de
1852. Nous n'accusons personne de ce grave résultat d'une prospérité toujours croissante, et nous
sommes après tout un des plus riches États du
monde; mais nous tirerons de ces chiffres cette
conclusion assez modeste pour être acceptée de
tous nos lecteurs : il faut désormais que tous nos
budgets, fussent-ils en équilibre, soient soumis
au contrôle le plus minutieux et le plus absolu que
puisse exercer l'assemblée des représentants de la
nation.

En ce qui touche les institutions de la France,
le discours de l'Empereur contient deux choses :
la critique de celles du passé, l'éloge de celles du
présent. L'Empereur signale tout d'abord, entre
les Chambres d'autrefois et la Chambre actuelle,
une heureuse différence : nos anciennes Chambres

contenaient un grand nombre de fonctionnaires publics; la Chambre actuelle n'en contient aucun. Personne n'est plus que nous disposé à reconnaître ce défaut de nos anciennes Chambres : ce vice radical, dans la composition de nos assemblées d'autrefois, joint au trop petit nombre de citoyens appelés à les élire, est à nos yeux la principale cause de nos malheurs ; mais, si les défenseurs du passé voulaient attaquer le présent, à leur tour ne pourraient-ils pas dire : « Pourquoi ne « considérez-vous point comme des fonctionnaires « publics les chambellans de l'Empereur, et pour- « quoi peuvent-ils siéger dans la Chambre? La « responsabilité du souverain et ce rôle de pré- « sident permanent du conseil des ministres qui « lui est, pour ainsi dire, imposé par la Consti- « tution, ne rendent-ils pas la présence des offi- « ciers de sa maison dans la Chambre sujette à « plus d'objections que ne l'était celle des ai- « des de camp du roi qui, ne dépendant après « tout que d'un souverain irresponsable, pou- « vaient être considérés comme indépendants à « l'égard des divers ministères? Allons plus loin,

« diraient-ils (car on va toujours trop loin quand
« on discute): quels sont les caractères principaux
« du fonctionnaire public? Ne doit-on point le
« définir : un citoyen qui reçoit un salaire de
« l'État et qui est sujet à l'avancement comme à
« la destitution? Or, vos députés reçoivent un
« salaire, et s'ils ne vous ont pas déplu, vous
« pouvez faire les uns conseillers d'État et les
« autres sénateurs. Dans le cas contraire, vous
« n'avez qu'à cesser de les désigner au choix
« des électeurs, et cela n'équivaut-il point à
« les... »

Vous allez dire *destituer*, dirais-je ici au défen-
seur de l'ancien système, et vous avez tort, car
il dépend des électeurs de maintenir sur les bancs
de la Chambre un député qu'a répudié le pouvoir; mais je vous accorde sans peine que c'est
dans cette liberté de l'élection que se trouve la
véritable différence entre nos députés et les fonctionnaires publics, et que cette différence pourrait
être contestée si la sincérité des élections venait
à l'être. Il est donc permis de dire, monsieur le
rédacteur, que si ce passage du discours du Trône

frappe juste sur nos institutions d'autrefois, il doit faire ressortir, d'un autre côté, l'extrême et nouvelle importance de la liberté et de la sincérité des élections dans nos institutions d'aujourd'hui.

« *Épuisez*, dit plus loin le discours du Trône, « toutes les discussions pendant le vote de l'Adresse, « pour pouvoir vous consacrer ensuite aux affaires « du pays. » — Vous avez deviné, monsieur le rédacteur, que ce passage ruine une de nos espérances. Nous souhaitions que cette communication entre le gouvernement et la Chambre, instituée par le décret du 24 novembre, ne durât pas seulement pendant le vote de l'Adresse, mais qu'elle pût être reprise, au gré de la Chambre, lorsque les circonstances lui paraîtraient l'exiger. En un mot, nous espérions voir revivre, sous une forme aussi adoucie qu'on l'aurait voulue, cet usage de l'interpellation que nos voisins regardent comme la vie même de leur Parlement et comme le moyen le plus efficace laissé à la nation pour surveiller la conduite de ses affaires. L'Adresse ne peut guère porter que sur des événements passés, l'interpellation porte surtout sur le présent et l'avenir : de là son incontestable utilité. Veuillez considérer, à ce point de vue, le contraste que présente aujourd'hui le Parlement anglais avec le nôtre. Ils ont voté leur Adresse en une séance; mais ont-ils pour cela *épuisé* leur droit d'interroger le gouvernement sur la conduite des affaires publiques? En aucune façon ; ce droit est inépuisable, et il pourra être exercé toutes les fois que l'attention du pays sera sollicitée par l'aspect des affaires ou par quelque démarche du gouvernement. Nous allons, au contraire, discuter fort longtemps l'Adresse; mais c'est à la condition de garder ensuite le silence, en face même des événements les plus graves, et d'attendre l'Adresse de l'an prochain pour les juger. Si l'on nous eût donné le choix entre les deux systèmes, j'ose croire que la Chambre et le pays n'eussent point hésité.

Enfin, monsieur le rédacteur, je n'ai point lu sans quelque regret, dans le discours du Trône, ce passage où l'on déclare que les votes de la Chambre n'obligeront point le souverain à prendre pour con-

seillers des hommes qui n'auraient point sa confiance. Ce passage paraît dirigé (nous ne faisons
aucune difficulté d'en convenir) contre le régime
parlementaire tel que notre pays l'a pratiqué pendant trente années, sauf ces quelques jours qui
ont précédé et amené la révolution de Juillet.
Mais c'est imparfaitement comprendre le gouvernement parlementaire (qu'il nous soit permis de
le dire) que de se figurer qu'il consiste à imposer
au souverain, par le vote des Chambres, des ministres qui n'aient pas sa confiance. Il consiste,
au contraire, dans l'accord des Chambres et du
souverain par l'intermédiaire des ministres. Re-
tournons, en effet, la proposition, et demandons-
nous s'il est juste qu'un souverain qui veut régner
d'accord avec l'opinion et qui reconnaît l'expression légale de l'opinion dans les Chambres, veuille
à son tour imposer à ces Chambres des ministres
qui n'aient pas leur confiance? Cela n'implique-t-il
point contradiction? Quelle est donc la solution
du problème? Elle est des plus simples, et nous
n'avons pas le mérite de l'avoir inventée, car elle
court les rues de Londres, de Bruxelles, de

Madrid, comme elle courait nos rues naguère :
c'est de trouver des ministres qui aient à la fois
la confiance du souverain et celle des Chambres?
Cela est-il bien difficile? Nullement. En tout cas,
cela est infiniment plus aisé que de rompre ce
lien intime qui établit la solidarité d'une certaine
politique avec certains hommes, et que de tenir
compte de l'opinion d'une assemblée sur les
affaires, sans tenir compte de son opinion sur les
personnes.

C'est, d'ailleurs, moins en vue du présent
qu'en vue de l'avenir que nous nous préoccupons
de ce passage du discours du Trône ; car aucun
conflit de ce genre n'est à craindre avec la Chambre
actuelle; elle ne songe guère à l'Adresse des deux
cent vingt et un, et fera, nous n'en doutons pas,
bon accueil à tous les conseillers de la couronne.
Après tout, nous augurons favorablement de l'avenir; le discours du Trône, l'exposé de la situation
de l'Empire, la publication des documents diplo-
matiques, la publicité des séances législatives,
l'entrée de quelques ministres à la Chambre, tout
cela est un progrès considérable sur la situation

antérieure. Ceux qui n'apprécient pas encore ce progrès à sa juste valeur lui rendront bientôt plus de justice en sentant se répandre dans l'air ce je ne sais quoi qui annonce dans un grand pays le réveil de la vie publique, et si nous gardons la paix, comme tout nous porte à l'espérer, cet heureux changement sera suivi de bien d'autres.

Il est après tout naturel que l'Empereur avance lentement dans cette voie ; car quiconque a lu ses premiers écrits sait combien ses défiances contre le régime constitutionnel sont anciennes et sincères. A une époque où la plupart des hommes qui sont aujourd'hui (en ce sens du moins) plus impérialistes que l'Empereur, auraient repoussé avec horreur la moindre atteinte portée au pouvoir parlementaire, l'exilé de Londres, le prisonnier de Ham avait déjà vanté la constitution de l'an VIII, et écrit tout ce qu'on peut écrire contre l'abus des luttes oratoires, contre la rivalité des ministères, contre les coalitions, contre tous les inconvénients enfin qui sont inhérents au gouvernement des Assemblées, et qui n'en ont pas encore complétement dégoûté les hommes.

L'Empereur est donc certainement sincère en tout cela, et c'est cette sincérité même qui fait notre espérance, car une opinion sincère peut être modifiée par l'expérience, tandis qu'une conviction simulée ou intéressée est, on le sait de reste, invincible. On peut tout attendre de la continuation de la paix, de la pratique instructive du gouvernement tel qu'il est maintenant organisé, de ses résultats inévitables et de cette force logique des choses qui fait sortir un changement d'un changement et un progrès d'un progrès. Ayons donc bon espoir, et ne laissons aucun échec passager diminuer notre patience ou notre courage.

XI

La guerre civile aux États-Unis. — L'esclavage doit finir.

24 février 1861.

Monsieur,

Quel homme doué de la prévoyance la plus ordinaire peut ouvrir aujourd'hui sans quelque émotion les journaux américains? L'Europe porte bien des troubles en elle-même, et cependant c'est de l'autre côté de l'Atlantique que peut lui venir le plus grand de ses troubles. La récolte des États-Unis entre dans la proportion de 77 pour 100 dans la quantité de coton employée annuellement par la fabrication de l'Angleterre, et l'industrie cotonnière fait travailler ou fait vivre chez nos voisins environ quatre millions de personnes. C'est cette récolte, c'est ce travail, c'est ce salaire qui peuvent se trouver réduits des trois quarts par la crise que traversent en ce moment les États-Unis. Nos voisins déploient en face de ce danger et depuis le premier jour où ils l'ont entrevu, ce ferme bon sens et cette admirable activité qui est tout le secret de leur fortune. Aux premières nouvelles du péril, on s'est réuni, on s'est entendu, on s'est trouvé riche d'argent et de conseils pour rechercher et pour stimuler par toute la terre (et cela doit nous faire songer à l'Algérie) la production de ce coton qui est le pain de l'industrie anglaise et faute duquel le sang menace de s'arrêter dans ce grand corps. Mais de quelque utilité que soient pour l'avenir ces prudents efforts, les événements devanceront sans doute la sagesse et la bonne volonté des hommes. Une grande crise industrielle, une crise commerciale, le chômage d'une foule d'ouvriers, et en même temps le fardeau d'armements considérables et le souci croissant de la sûreté extérieure et intérieure du pays, voilà le prochain avenir qui semble aujourd'hui, à

moins de quelque bonheur imprévu, réservé à
l'Angleterre. Vous avez vu, monsieur le rédacteur,
à propos de la dernière tempête qui a si cruellement ravagé les côtes anglaises, que l'Amirauté,
avertie par les observations météorologiques, avait
envoyé partout le signal précurseur de l'orage, et
que de port en port on s'était dit à la hâte : « Prenez garde à vous ! » C'est un signal de ce genre
qui vient d'être arboré de l'autre côté de l'Atlantique, et il annonce un ouragan qui emportera
plus de fortunes que la dernière tempête n'a brisé
de vaisseaux.

Chose étrange et qui nous rappelle une fois
de plus combien est vrai de tout temps le
mens agitat molem du poëte : c'est une idée,
ou, si vous l'aimez mieux, un sentiment qui
est la cause unique de cette nouvelle et immense perturbation. Ce n'est pas de bon gré,
croyez-le, qu'on se sépare; on ne marche pas
vers cette catastrophe le cœur joyeux ni avec
d'ambitieuses espérances. Bien au contraire
que d'efforts pour l'éviter ! combien de discours !
combien de tentatives de réconciliation ! com-

bien d'appels à la concorde ! combien de grands ou de touchants souvenirs évoqués avec des larmes! Quelles paroles que celles du vénérable chancelier Walworth et de bien d'autres hommes aussi respectés que lui, sortant de leur retraite pour conjurer la génération qui les a remplacés d'épargner à la patrie les horreurs de la guerre civile! Mais il y a dans ce terrible mouvement quelque chose de plus fort que la volonté des hommes et une sorte de nécessité qui les rend aveugles sur leurs intérêts comme sur leurs devoirs.

Veuillez, en effet, y songer un instant, et vous verrez peut-être avec quelque surprise, monsieur le rédacteur, qu'il n'est pas un des maux dont se plaignent les hommes du Sud qui ne soit augmenté par le seul fait de leur séparation d'avec le Nord; et cependant il est naturel et comme inévitable qu'ils désirent cette séparation et qu'ils l'accomplissent. Quels sont leurs griefs? Ils ne peuvent, disent-ils, avoir une part suffisante des nouveaux Territoires, et le plus souvent le vote de la population en exclut l'esclavage; — mais pensez-vous que leur séparation leur laisse désormais le droit et le moyen d'acquérir la moindre parcelle de ces Territoires destinés à devenir de florissants États ? « On n'exécute point, disent-ils, les lois qui pres- « crivent la restitution de nos esclaves fugitifs ; quel- « ques États libres ont aboli formellement ces lois, « et dans la plupart d'entre eux, l'esclave qui s'en- « fuit est protégé par la faveur publique. » — Croyez-vous qu'après la séparation, en admettant qu'elle soit pacifique, une seule de ces lois subsiste, te que le Nord se croie désormais obligé à restituer au Sud un seul esclave ? S'imposera-t-il, pour des étrangers, un devoir qu'il a presque renoncé à accomplir pour ses frères, et loin de contester sa liberté à l'esclave fugitif, ne sera-t-il point plus tenté de l'attirer que de le rendre ? Le Sud dit en- core : « On conspire ouvertement dans le Nord la « ruine de l'esclavage ; on y écrit, on y enseigne, « on y prêche que les hommes sont tous libres, en « dépit de leur couleur ; que leur ravir leur liberté « est un crime, et qu'ils ont le droit de la repren- « dre ; on met cette doctrine en discours, en ro- « mans, en poésie, et il ne nous arrive rien du Nord « qui n'en soit imprégné et qui n'excite nos servi-

8.

« teurs à nous ravir les biens et la vie. » — Cette propagande, funeste à la sécurité des États du Sud, dangereuse même pour leur existence, cessera-t-elle après la séparation, ou plutôt ne deviendra-t-elle point plus libre, plus active, et surtout plus efficace?

La séparation ne peut donc qu'accroître les périls et les griefs des hommes du Sud, et l'on peut dire, selon notre vieux proverbe, qu'ils se jettent dans l'eau de peur d'être mouillés. Et pourtant, mettons-nous impartialement à leur place, et nous verrons si une terreur mêlée de colère n'envahirait pas nos cœurs. Supposons que nous ayons reçu de nos pères nos esclaves en même temps que nos champs, qu'il n'existe point pour nous d'autres instruments de travail que ces bras dociles, que nous soyons entrés comme possesseurs d'esclaves dans la grande république par un libre contrat et sans contestation, et qu'après de longues années de concorde, il s'élève autour de nous et contre nous comme un vent nouveau, nous empêchant de nous étendre à l'égal de nos voisins, nous repoussant, comme un fléau, des espaces libres où nous voulons nous établir, nous enfermant chez nous pour nous mieux détruire et apportant jusqu'au milieu de nos esclaves, jusqu'au pied de l'autel domestique, de menaçantes paroles qui, dans le Nord, voudraient dire liberté, mais qui changeraient de sens en effleurant des oreilles serviles et ne signifieraient plus parmi nous que meurtre et pillage. Soyons équitables, M. le rédacteur : nous sortirions en armes de nos demeures, résolus à tout faire pour assurer notre sécurité et à élever, s'il le fallait, une muraille de la Chine entre nous et nos dangereux confédérés.

« Que puis-je faire ? répond le Nord à ces plaintes « amères, et dépend-il de moi de redresser un seul « de vos griefs ? Puis-je empêcher que la population « libre ne vous devance en nombre ou en force dans « divers Territoires ? Puis-je assurer l'exécution des « lois contre le sentiment public, qui se refuse à « laisser enlever un malheureux noir, arrêté au mi- « lieu d'une cité libre, pour aller subir chez ses « maîtres irrités quelque horrible châtiment ? Puis- « je enfin empêcher qu'on parle de plus en plus « de liberté dans le monde, supprimer ou surveiller

« chez moi le journal, la chaire, la tribune, le livre
« même et le roman, et réduire ainsi mes propres
« citoyens en esclavage, de peur qu'ils n'ébranlent
« chez vous les fondements de la servitude?»—Supposons même, monsieur le rédacteur, que le Nord
consente à tout cela, et qu'il accepte, pour ramener le Sud rebelle, les conditions les plus dures,
vous sentez comme moi qu'il lui serait impossible
de les remplir et que la crise, pour être reculée de
quelques années, n'en serait que plus certaine et
plus terrible.

D'où vient cette impossibilité, monsieur le rédacteur? De ce seul fait qui est au-dessus de tous les
efforts humains : l'atmosphère que nous respirons
est mortelle à l'esclavage. Ce n'est pas le Nord seulement que le Sud devrait convertir ou asservir pour
assurer chez lui la durée de l'esclavage et pour
rompre le cercle chaque jour plus étroit qui l'op-
presse et qui l'étouffe, c'est le monde entier qu'il
faudrait conquérir! Qu'est-ce que le Nord dans ce
conflit, sinon l'instrument involontaire et malheureux du reste du monde, qui assiége moralement l'esclavage de toutes parts et qui le mine par

l'action incessante de ses plus proches voisins?
— L'esclavage ne peut se soutenir nulle part sans
un ensemble de conditions que lui refuse de plus
en plus l'état moral du monde, et le Nord ne peut
pas plus se soustraire à la contagion de ce sentiment universel et à ses conséquences pratiques
qu'il ne peut écarter de ses côtes les vents qui lui
apportent les vapeurs et les eaux de l'Océan. Il
n'est plus au pouvoir du Nord de servir par ses
lois, par ses mœurs, par son amour de la concorde, de rempart à l'esclavage et d'être plus longtemps pour le Sud une sorte de ceinture protectrice contre cette contagion morale, parce qu'il en
est lui-même pénétré, et que contre cette subtile
essence il n'est point de ceinture.

J'ai entendu dire aux savants, monsieur le rédacteur, que la nature, pour détruire et pour renouveler plusieurs fois la création animée sur notre globe,
n'avait pas eu toujours besoin des moyens violents que lui prête volontiers l'imagination populaire. C'est sans catastrophe, sans torrents d'eau
ou de feu qu'elle peut faire disparaître de la sur-
face de la terre toute une race condamnée ; il lui

suffit, pour accomplir ces grands changements et pour couvrir notre planète des débris de ses habitants, de modifier discrètement et sans bruit, si peu que cela ne semble rien, les proportions de l'air qui nous soutient et qui nous conserve. Qu'il lui plaise, à cette mystérieuse souveraine, comme à un chimiste qui se joue, de raréfier cet air ou de l'épaissir, d'y ajouter un peu de ce gaz ou d'en ôter un peu de cet autre, et la face de la terre, balayée de tout ce qui respire, serait prête à recevoir une création nouvelle. L'atmosphère du monde moral a ses révolutions tout aussi décisives, bien que plus lentes, et nous voyons s'enfoncer dans le néant une institution, une coutume, une croyance, comme agoniserait une race à laquelle l'air respirable aurait manqué. Nous entendons aujourd'hui râler l'esclavage, et, quoi qu'il fasse, il mourra.

Cette fatalité souveraine qui plane, comme le destin du théâtre antique, sur les agitations des États-Unis, et qui rendra inutiles ou précaires les plus nobles efforts vers la conciliation et la paix, communique à ce triste spectacle je ne sais quelle grandeur ; mais ce spectacle même, monsieur le rédacteur, doit éveiller en nous un sentiment de gratitude, et nous qui portons dans notre sein tant de divisions et tant de problèmes, nous devons sentir, du moins, combien tout cela est peu de chose à côté d'un tel sujet de discorde. Où est cette puissante république, dont nous nous sommes surpris plus d'une fois à envier la paix intérieure, la liberté déjà antique dans ce monde si changeant, et la grandeur naissante? Quel sang vif et généreux courait à flots pressés et fermentait dans ses veines! Comme elle était fière, presque sans le vouloir, à force de vie, de santé et d'avenir! Avec quelle jeune et vigoureuse étreinte elle avait saisi ou revendiqué tout ce continent, criant à l'Europe : « Ceci m'appartient et vous n'avez rien à y « voir. » Comme elle était déjà solidement assise sur les deux océans, et quel tissu vivant elle avait commencé à ourdir pour rejoindre ses tronçons épars de New-York à San-Francisco? Avec quel dédain elle regardait nos querelles, nous menaçant de temps à autre de sa grandeur inévitable et prochaine! Comme elle parlait à sa mère, en-

core robuste pourtant, et comme parfois, enivrée
de la voir craintive, elle élevait la voix et presque
la main contre elle! Grandeur, fierté, esprit de
conquête, où est tout cela? La voilà tombée à genoux, les yeux pleins de larmes, la main sur sa
poitrine qu'elle sent se déchirer.

Les États sont aussi exposés que les hommes
aux coups de la fortune, monsieur le rédacteur,
et nous sommes dans un temps fécond en secousses imprévues et en brusques retours.
Que de catastrophes, que de morts sont venues
nous surprendre! une, entre autres, qui m'a
causé une émotion bien vive, et dont je ne puis
m'empêcher de vous parler. Je n'avais jamais vu
M. Scribe, et, mardi soir, le hasard nous fit dîner
ensemble. Il causait avec une gaieté aimable et
tranquille de son passé, de son présent, de sa vie
laborieuse, de son penchant à travailler toujours;
je le quittai à dix heures du soir plein de santé et
d'enjouement; le lendemain j'appris sa mort.
Bossuet dit fort éloquemment que cela ne devrait
jamais nous surprendre; mais, quoi qu'on fasse,
cela nous surprend et nous afflige toujours, et aussi

longtemps que nous nous sentons vivre, nous ne pouvons nous faire à la fragilité de la vie. Bien d'autres choses sont fragiles en ce monde, monsieur le rédacteur, et nous savons tous que les plus malheureux ne sont point ceux qui sont morts.

XII

Discussion de l'adresse au Sénat. — Les contradictions de la politique française à Rome. — Les Montesquieu du Sénat.

10 mars 1861.

Monsieur,

Je lisais tout récemment un intéressant article de mon ami M. Paul de Rémusat sur certains êtres microscopiques qui peuvent se dessécher sans périr. On les expose au feu ou à un ardent soleil et les voilà morts; on le croirait du moins, et on les garderait ainsi dix ans, vingt ans, un siècle sans soupçonner en eux une étincelle de vie. La vie dort pourtant dans leur légère dépouille; une goutte d'eau suffit pour la ranimer. Humectez-les et les voilà qui remuent, qui reprennent le cours de leurs sensations et de leurs fonctions interrompues.

Ne vous semble-t-il pas, monsieur le rédacteur, voir quelque chose d'analogue dans le curieux spectacle que nous avons sous les yeux? Une goutte d'eau est tombée sur la France ; c'est le décret du 24 novembre, et en s'éveillant, non sans quelque peine, en s'entendant sommée d'avoir une opinion et de la dire, elle retrouve elle tous les problèmes, toutes les questions, dirons-nous toutes les maladies et toutes les inquiétudes qui l'agitaient il y a dix ans. Ne vous croiriez-vous pas, en lisant les discussions du Sénat, au lendemain de l'expédition de Rome? N'y a-t-il pas aujourd'hui comme alors des partisans et des adversaires déclarés du pouvoir temporel du pape? Les principes de la révolution qui ordonnent de laisser aux Italiens de Rome comme aux autres le droit de disposer d'eux-mêmes, et cet autre principe qui exige le maintien de l'autorité temporelle du pape comme la seule garantie de son indépendance spirituelle ne se retrouvent-ils pas en présence? Ces deux principes ennemis et parfaitement inconciliables ne se font-ils pas la guerre au sein

du Sénat aussi ardemment que jadis au sein de
l'Assemblée nationale? Et si vous portez vos regards autour de vous, ne voyez-vous pas la France
aussi profondément divisée sur cette grande question, aussi inquiète de la voir résolue dans un
sens ou dans l'autre, qu'au temps où cette question redoutable armait les citoyens les uns contre
les autres, et manquait d'ensanglanter la capitale?
Il faut l'avouer, c'est la première émotion sérieuse
qu'ait éprouvée la France depuis la chute de la
République. Et nous ne devons cette émotion à
aucune de nos affaires intérieures ; il ne s'agit ni
de la loi de sûreté générale, ni de notre situation financière, ni de notre réforme industrielle,
ni de la liberté de la presse ou des prérogatives
de nos Assemblées; il s'agit uniquement de savoir,
et cela touche bien autrement la France, comment
finira l'expédition de Rome, compliquée des conséquences de la dernière guerre et de l'abandon de
la plus grande partie des États-Romains.

C'est là ce qu'on discute, et il est excellent
qu'on le discute, car sur une question de cette
nature le pire des expédients, c'est le silence. Il

importe, avant tout, qu'on sache à quoi s'en tenir sur les actes et sur les hommes, et à ce point de vue la discussion du Sénat est d'un prix inestimable. Elle nous a montré la situation de 1849 et de 1850 renversée, en ce sens que les défenseurs du pouvoir temporel du pape sont (bien malgré eux) dans l'opposition, et que les partisans de la souveraineté populaire en Italie sont sur les marches du trône ou au pouvoir. Mais, à part cette vive lumière qui s'échappe des discussions du Sénat, qu'en est-il sorti qui puisse amener cette transaction vainement cherchée depuis dix ans entre les deux principes? A-t-on découvert un moyen quelconque de satisfaire les catholiques, l'Église et le pape, en laissant tomber sous les coups des Italiens les débris de sa souveraineté, ou, pour mieux dire, en ne lui rendant pas tous ses États? A-t-on, d'un autre côté, trouvé le moyen, je ne dis pas de rendre au Saint-Siége ses États, mais même de rester à Rome sans violer tous les jours ce principe de non-intervention qu'on impose au reste de l'Europe, et cet autre principe de la souveraineté populaire au nom duquel on s'est déclaré incapable de contraindre les Légations, les Marches et l'Ombrie à rester, contre leur volonté, sous la main du Saint-Siége.

Personne n'a trouvé le moyen de sortir de ce dilemme, et des deux côtés les plus hardis ont reculé sans façon devant les conséquences légitimes et pratiques de leur langage. Ceux qui déplorent le plus haut et pour les meilleures raisons qu'on ait laissé le Piémont envahir et occuper la plus grande partie des États-Romains, n'ont pas proposé de lui arracher sa conquête. D'un autre côté, lorsqu'on a entendu M. Billault prononcer ces paroles : « Irez-vous jusqu'à dire qu'il y a de par le « monde un certain domaine, dont la conservation « importe à la paix de l'univers, aux intérêts de « la catholicité ; il faut donc à tout prix que les « populations de ce domaine, populations houil- « lantes, sous le sceptre qui les régit, soient com- « primées ? Irez-vous aussi jusqu'à dire que cela « eût pu se faire par la France?... » Qui n'aurait cru que l'orateur allait conclure en annonçant l'é- vacuation de Rome, et en s'excusant d'y être resté si longtemps ? Nullement ; cela ne doit s'appliquer qn'au reste des États du Saint-Siége. En vérité, Rome n'est donc pas *bouillante* et ne se croit pas *comprimée?* Ce peut être l'avis de beaucoup de gens, mais ce n'est pas un avis soutenable dans la bouche de ceux qui prétendent que partout ailleurs les populations du Saint-Siége étaient *bouillantes*, et qu'on n'avait pas le droit de les *comprimer*. Et le prince Napoléon, qui n'a point cependant péché par défaut de franchise, comment se termine son discours, où est écrit à chaque ligne la ruine du pouvoir temporel? A-t-il conclu en réclamant l'évacuation de Rome? Pas tout à fait. Il propose de renfermer le pape sur la rive droite de la ville éternelle, et de laisser la rive gauche disposer d'elle-même. Restreindre la difficulté n'est point la résoudre. Ne sont-ce point des hommes comme les autres qui habitent cette rive droite? Et si vous pouvez les contraindre, au nom d'un intérêt général, à supporter un gouvernément qui leur pèse, pourquoi ne pas contraindre au nom du même intérêt à la même obéissance, soit les États-Romains tout entiers, comme nous l'avons fait pendant dix ans, soit Rome tout entière , comme nous le faisons aujourd'hui.

On ne se tirera pas avec des discussions comme celles du Sénat, d'une difficulté de ce genre, et ce n'est pas non plus la résoudre que de la rejeter tout entière sur le gouvernement, comme le font nos Chambres, en l'accablant de la confiance publique. La politique du gouvernement en Italie nous semble discutable en cent façons, et à vrai dire, tout le monde a le moyen de l'attaquer aussi bien que le droit de s'en plaindre : mais sur la question de Rome, qui contient, après tout, la question d'Italie et la résume, il est impossible au gouvernement de contenter une partie de la nation sans blesser profondément l'autre ; c'est la faute de nos divisions beaucoup plus que de sa politique, et il n'est pas un de nous qui n'éprouvât le même embarras s'il pouvait trancher la question d'une parole.

Les uns disent au gouvernement : « Vous « professez le principe de la souveraineté po- « pulaire qui vous interdit de faire violence à au- « cun peuple, et en vertu de ce principe, vous « avez cessé de maintenir l'autorité du pape dans

« les trois quarts de ses États ; soyez conséquents
« et sortez de Rome. » Les autres disent: « Vous
« avez déclaré cent fois que le pouvoir temporel du
« pape était nécessaire à son indépendance spiri-
« tuelle, que ce pouvoir était soutenu par le vœu
« de la France et confié à vos armes ; cependant
« vous avez laissé la révolution et le Piémont, son
« allié, venir braver le pape presque sous les murs
« de Rome, et l'on ose aujourd'hui vous parler
« d'en sortir. Sortez-en donc, mais pour tenir
« votre parole, et pour faire rentrer chez eux les
« Piémontais. » Et chacun des deux partis qui
tiennent ce langage ajoute : « *La France est der-*
« *rière moi,* » et tous deux ont raison, monsieur le
rédacteur, car notre pays aime jusque dans ses
erreurs la franchise et la logique ; interrogez autour de vous le premier Français venu : vous n'en
trouverez pas un qui ne demande, au nom d'un
principe avec lequel aucune transaction n'est possible, soit l'évacuation de Rome, soit l'expulsion
des Piémontais. Quant au Sénat, il dit au souverain, en termes respectueux : « Faites pour le
« mieux, car vous avez notre confiance. » Le Corps

9.

législatif votera sans doute son Adresse, aussi énergique et aussi instructive que celle du Sénat. Pendant ce temps-là, le pape déclare de son mieux
à tout l'univers, avec l'assentiment de toute
l'opinion catholique, que ses protecteurs auraient beau lui garder Rome, contre leurs
propres principes, pendant l'éternité, ils
ne l'en auront pas moins trahi, opprimé et persécuté tant qu'ils ne lui auront pas rendu l'intégrité
de ses États. Enfin, au-dessus de toutes ces clameurs, on entend la voix inexorable du bon sens
crier au gouvernement français : « Si vous n'aviez
« aucune bonne raison pour empêcher l'invasion
« des Piémontais, vous n'avez aucune bonne rai-
« son pour rester à Rome, et si vous avez de bon-
« nes raisons pour rester à Rome, vous n'en aviez
« aucune pour souffrir l'invasion des Piémontais. »
Voilà la situation du gouvernement, monsieur le
rédacteur. Bien des gens seraient tentés, à sa
place de se tirer d'affaire par un plébiscite et de
dire, une fois pour toutes, au peuple Français :
« Que faut-il faire ? Voulez-vous que j'évacue Rome,
« ou que je fasse signe au Piémont de reculer et

« que je rende au Pape tous ses États? » C'est
peut être le seul moyen de sortir de cette impasse, sur laquelle on ne peut vraiment jeter les
yeux sans éprouver un certain plaisir à n'être rien.

N'être rien, c'est être spectateur, et du plus
curieux spectacle qui ait été, depuis bien longtemps, offert aux hommes. Que dites-vous de ces
discussions du Sénat? Je regrette vivement que
par une contradiction vraiment singulière elles
ne soient pas publiques : « Voulez-vous donc qu'on
« vienne nous voir comme des curiosités? » a dit
à ce sujet un sénateur. Pourquoi pas? et qu'y
aurait-il d'offensant dans cette curiosité légitime? .
La Chambre des pairs s'en accommodait jadis; nos
députés du Corps législatif s'en accommodent aujourd'hui et la provoquent même. Ils sont bons
princes et se laissent voir. Nous n'imaginons point
pourquoi l'on ne pourrait écouter sans crime des
discours qu'on laisse lire. Si cela nous était permis, cela nous aiderait à résoudre quelques
problèmes comme celui qui occupait tout Paris
mardi soir. Nous saurions peut-être ce qu'il
faut croire de la sténographie ou du compte

rendu, lorsqu'ils ne marchent point d'accord.
— C'est tout simple, direz-vous, c'est la sténographie qu'il faut croire, puisqu'elle est le texte, dont le compte rendu n'est que l'abrégé.
— Je le pensais comme vous ; mais veuillez comparer le *Journal des Débats* et le *Moniteur* de mardi matin. Le premier, qui contient seulement le *compte rendu* de la séance du 4 mars, me donne un discours fort intéressant de M. le comte Siméon qui parle avec quelque détail de la Caisse des chemins de fer et cite même quelques chiffres. J'ouvre le *Moniteur* pour en apprendre davantage, et je cherche le discours sténographié de M. Siméon ; jugez de ma surprise en voyant le texte plus court et moins explicite que l'abrégé. Plus de détails sur la Caisse des chemins de fer, plus de chiffres. La sténographie glisse sur tout cela, et M. Siméon en arrive tout de suite à la péroraison sur l'image de ses ancêtres. Faut-il croire que le *compte rendu* a inexactement amplifié le discours de M. Siméon? Mais cela est d'autant plus difficile à penser que ce discours était écrit et a été lu, comme le *compte rendu* nous l'apprend lui-même. Nous sommes

donc réduits à supposer que la sténographie l'a fort abrégé, et l'entière publicité des séances du Sénat ne nous en paraît que plus nécessaire.

Qui n'aurait voulu être, sinon sénateur, au moins auditeur du Sénat, le jour où il a été question de cette affaire? Qui n'aurait voulu voir se lever l'orateur qui a parlé si durement contre la recherche immodérée des richesses et en faveur d'une honorable médiocrité? Et, lorsque, après les quelques mots de M. Troplong, contre ces situations périlleuses dans lesquelles ne doit s'engager aucun sénateur, le prince Napoléon s'est écrié, avec une franchise qui deviendra de plus en plus précieuse au public : « Non-seulement les séna- « teurs, mais tous les hauts fonctionnaires, » ah! comme j'aurais voulu être non-seulement audi- teur du Sénat, mais sénateur, pour une seconde, afin de lui crier à mon tour : « Nommez-les! de « qui voulez-vous parler? Ne laissez point flotter « au hasard ce que contient cette vive parole. » Quant au discours de M. Billault, sur le même sujet, il eût été bien facile de défendre la presse contre le rôle peu agréable que le ministre lui attribue. Certains journaux, dit-il, ont abusé de la crédulité du public et ont contribué ainsi à sa ruine ; d'autres répandent maintenant des accusations calomnieuses dans toute l'Europe. — Je ne connais pas de journal français qui se soit exposé à mériter ce dernier reproche, et l'on ne peut avoir ici en vue que la presse étrangère, qui s'y expose depuis bien longtemps et qui en a pris son parti. Quant au reproche plus grave d'avoir abusé le public sur certaines affaires, ne pourrait-on faire remarquer que celui qu'on accuse précisément d'avoir *lancé* ces affaires, avait dans la main deux journaux importants, possédés par lui avec l'aveu du gouvernement, particulièrement dévoués à sa politique et honorés de plus d'un article semi-officiel? Ne pourrait-on pas ajouter que d'autres citoyens s'étaient épuisés inutilement à obtenir le même privilége, et à devenir, pour leur argent, maîtres d'un journal? Il peut donc y avoir bien des coupables dans ces tristes événements, mais, à coup sûr, la presse n'est pas le grand coupable, et ce n'est point sur elle que doit en retomber la responsabilité.

Attendons que tout s'éclaircisse, car on a pris le
soin de nous le promettre, et allons voir, en attendant (puisqu'on peut le *voir*), comment le
Corps législatif recevra les amendements qui lui
sont présentés au sujet de l'Adresse. Nous les
avons lus dans les journaux, et il en est plusieurs
dont le rejet paraît au premier abord bien difficile. Tel est l'ingénieux amendement où l'on flé-
trit, avec des paroles empruntées aux dépêches du
gouvernement français, l'invasion du royaume de
Naples. On aurait pu aisément pousser plus loin
ce système et mettre, sur plus d'un point, le gouvernement dans la nécessité de combattre ou d'accepter son propre langage; sans compter que ces
dépêches offrent une mine inépuisable aux deux
partis, et qu'on peut y trouver toutes sortes de
textes pour des amendements de toutes sortes. L'a-
mendement si net et si clair pour l'évacuation de
Rome, devrait avoir son pendant dans un amendement non moins net et non moins clair, pour
l'expulsion des Piémontais; nous ne parlons, d'ailleurs, de cette lacune que pour l'amour de la sy-
métrie, car la Chambre, comme nous l'avons dit,

ne prendrait probablement ni l'un, ni l'autre. Quel amendement raisonnable (je dirais presque indiscutable, si le bon sens présidait aux affaires humaines), que celui où l'on demande comme une conséquence naturelle du décret du 24 novembre, l'abolition de la loi de sûreté générale et l'établissement d'une loi sur la presse. La lecture de cet amendement nous a fait regretter que le prince Napoléon ne fît point partie de notre Chambre élective : d'abord son éloquence un peu emportée y paraîtrait plus à sa place que dans la Chambre haute, au milieu de ces vénérables cardinaux abrités de leur mieux derrière Vatel ; ensuite, nous serions bien sûrs de voir parler et voter contre toutes les lois d'exception, quelles qu'elles puissent être, le prince que l'image des *estrudibili* empêchait de dormir. Il est encore un amendement au sort duquel nous voudrions bien intéresser le public : c'est celui qui demande modestement de mettre le mot *immenses* à la place du mot *inépuisables* dans la phrase qui célèbre les ressources financières de la France. Le mot *inépuisables* a fait, avec raison, trembler tout le monde; le mot *immenses* veut, selon l'étymologie, dire absolument la même chose, mais je ne sais pourquoi il fait moins peur, et ce sera un vrai soulagement que de le voir passer. Espérons enfin que la Chambre, qui demandait sans cesse avant le 24 novembre à voter comme autrefois le budget par chapitre, acceptera sans difficulté l'amendement qui l'invite à réclamer de nouveau cette indispensable prérogative.

Mais à quoi bon se donner tout ce mal, monsieur le rédacteur, si notre constitution a été fidèlement interprétée par M. le marquis de Lagrange dans l'ingénieux commentaire que ce sénateur a donné à ses collègues sur le décret du 24 novembre. M. de Lagrange est un de ceux que le décret du 24 novembre a un instant inquiétés. Il a jugé d'abord ce nouveau décret comme l'Adresse du Sénat juge les nouveaux impôts, *peu favorable*; mais il s'est rassuré en songeant que l'obligation nouvelle imposée aux Assemblées de donner des conseils au gouvernement, n'entraîne en aucune façon pour le gouvernement l'obligation de les suivre, et que le gouvernement peut faire, s'il le juge convenable, tout le contraire de ce qu'on lui aura dit. Enhardi par cette réflexion, M. de Lagrange a osé enfin donner des conseils au gouvernement, et même (qui le croirait?) voter pour l'amendement du général Gémeau, que le gouvernement avait formellement repoussé.

Après tout, cette conduite était logique et inoffensive, puisqu'alors même que M. de Lagrange aurait eu la majorité, il savait bien que le gouvernement n'était pas obligé de suivre son conseil. — Mais si la majorité eût été avec M. de Lagrange et que le gouvernement se fût cru obligé de suivre son conseil, M. de Lagrange n'eût-il point été au désespoir? — Mais non, puisque M. de Lagrange voulait après tout les conséquences de l'amendement de M. Gémeau. — Mais oui, il eût été au désespoir, puisqu'il veut avant tout et par mesure de salut public ne jamais contraindre le gouvernement à faire quoique ce soit. — Mais non, il n'eût point été affligé, puisqu'il désire vivement maintenir le pape à Rome. — Mais oui, puisque..... Ah! monsieur le rédacteur! je m'y perds, j'y renonce. Non! jamais je ne parviendrai à comprendre les Syeyès et les Montesquieu de cette nouvelle école qui comptera, je vous le jure, parmi les souvenirs les plus singuliers de la France.

XIII

Discussion de l'adresse au Corps législatif. — MM. Keller et Favre. — La conversion de M. de Pierre. — L'Empereur est un partisan déguisé du régime parlementaire.

24 mars 1861.

Monsieur,

Au moment où je vous écris, la discussion de l'Adresse au Corps législatif dure encore ; elle a produit et peut produire avant d'être close quelques discours remarquables, mais il n'en sortira rien, j'ose le dire, qui vaille la péroraison du simple discours du marquis de Pierre. J'y reviendrai, monsieur le rédacteur, mais rendons d'abord justice à M. Keller et à M. Jules Favre, qui ont parlé avec plus d'éclat que M. de Pierre, sans avoir rien dit cependant d'aussi profond et d'aussi utile que quelques-unes des paroles instructives adressées par cet orateur, dénué d'artifice, à la Chambre et au pays.

Le discours de M. Keller a vivement ému la Chambre, en même temps qu'il l'a surprise, car elle ne pouvait soupçonner qu'un homme vraiment éloquent se fût ainsi glissé dans son sein. Le gouvernement n'a pas dû être moins surpris que la Chambre ; lui qui s'est donné tant de peine et qui a couru tant d'aventures pour faire nommer M. Keller à la place de M. Migeon, pouvait-il soupçonner qu'en voulant simplement substituer dans la Chambre une voix à une autre, il l'avait armée d'un orateur. Je vous disais, dans ma dernière lettre, monsieur le rédacteur, que le gouvernement ayant cherché surtout dans sa politique en Italie, à ne se brouiller irrévocablement avec personne, se trouvait par là même exposé aux justes reproches de tout le monde, et qu'il était aussi aisé de l'attaquer en se plaçant à gauche qu'en se plaçant à droite. C'est l'attaque de

droite que M. Keller a conduite avec une vérita-
table éloquence, et lorsqu'il a dit au gouvernement : *qui êtes-vous et que voulez-vous ?* il n'est
personne qui n'ait reconnu dans cette question si
opportune et si pressante la voix du pays.

L'éloquence m'émeut aisément, monsieur le rédacteur ; tout homme qui, en parlant sur une
question importante, me paraît sincèrement possédé par sa pensée et la dit avec énergie, a de grandes chances de m'arracher des larmes, mais aucune émotion ne me fait perdre le jugement, et
dans ce discours qui m'entraînait, je sentais une
lacune. Il y manquait quelque chose que j'appellerais volontiers, puisqu'il s'agit d'un discours catholique, la *confession* et la *contrition*. Qui êtes-
vous et que voulez-vous ? aurait-on pu dire à
M. Keller, qui aurait bien fait peut-être de devancer la question et de nous dire : « Je suis député
« du gouvernement et mon élection lui a coûté de
« grands efforts. Je l'accuse aujourd'hui d'avoir
« suivi dans sa politique étrangère une marche
« contraire au sentiment du pays et d'abandon-
« ner la papauté, qu'il avait promis de soute-

« nir ; mais je l'ai vu sans inquiétude et sans re-
« grets pendant dix années armé du droit de faire
« la guerre et la paix sans notre concours, et
« d'embrasser ou d'abandonner en Europe tou-
« tes les causes sans notre aveu. Je me plains au-
« jourd'hui de ce que les journaux qui défendent
« mon opinion ne jouissent point d'une liberté as-
« sez sûre, et que des avis officieux les aient ré-
« duits plus d'une fois au silence, mais je n'ai ja-
« mais senti auparavant que la liberté de la presse
« nous fît défaut, ou du moins je ne me suis point
« soucié de la conquérir. Je n'ai point trouvé que
« le pouvoir fût trop fort, muni de toutes ces pré-
« rogatives, tout-puissant sur la presse, influent
« sur les élections, sans responsabilité à l'égard
« de l'Assemblée, armé de la loi de sûreté géné-
« rale ; et pour me faire comprendre enfin que son
« bras était trop lourd, il a fallu qu'il s'appesan-
« tît sur ma tête. Je suis revenu aujourd'hui de
« toutes ces erreurs ; j'ai à cœur la liberté d'au-
« trui, seule garantie de la mienne, et je tends
« loyalement la main à tous ceux qui veulent
« avant toute chose obtenir pour le pays, repré-

« senté par le Parlement librement élu, le gouver-
« nement de lui-même. »

Si l'éloquent organe de la droite a péché, à nos
yeux, par *omission*, en n'ajoutant point cette péroraison à son discours, l'organe non moins éloquent de la gauche a péché par *commission*, dans
la péroraison qui a terminé le sien. Il y a dans la
parole de M. Jules Favre, une netteté, une préci-
sion, et parfois une salutaire amertume qui m'ont
toujours charmé ; je ne connais qu'une façon de
lui en témoigner ma gratitude, c'est de lui dire la
vérité. Dans la plus grande partie de son discours,
il avait plaidé, on peut le dire, la cause de tout le
monde, car c'est parler pour tous ceux qui aiment la justice et qui portent un cœur indépendant, que de défendre les libertés du pays. Pourquoi, à la fin d'un tel discours, se détourner de
ses véritables adversaires et les combler de joie,
en lançant à la face de la droite le mot injuste de
Quiberon ? Il s'agit bien de Quiberon ! Et, d'ailleurs, ne s'est-on point engagé à fusiller bel et
bien ceux qui tenteraient de le refaire ? Que faut-
il pour vous rassurer ? Non, ce n'est point le che-

min de Quiberon, ni celui de Waterloo qu'il faut prendre, si l'on veut aller au cœur du pays ; c'est le chemin de la concorde. La France a une juste horreur de ces vieilles querelles ; elle a soif de repos et de liberté régulière ; elle comprend un peu mieux, de jour en jour, le prix de la paix, et la première condition de la paix, qui est l'existence d'un gouvernement libre ; elle encouragera, de quelque camp qu'ils viennent, ceux qui voudront lui assurer la jouissance de ces grands biens ; elle applaudira ceux qui tendront la main à leurs adversaires, au nom de ces principes si simples et si clairs, et elle jugera sévèrement ceux qui, devant une main ainsi tendue, auront détourné la tête.

Bien plus, lorsqu'on ne vous tend point cette main, il faut aller la prendre. L'effet eût été grand sur toute la France, et la leçon admirable si, même après ces injustes paroles de la gauche, la droite se fût levée pour appuyer cet amendement. J'ai entendu dire, à ce sujet, monsieur le rédacteur, par quelques membres trop soupçonneux de la droite (car on

n'est point en reste des deux côtés en fait de
suppositions et de vœux charitables) : « Com-
« ment voulez-vous que nous votions pour des
« gens qui vont peut-être devenir ministres? »
— « Je n'en crois rien, » répondit-on à côté de
moi avec infiniment de sens et d'esprit; mais
c'eût été une raison de plus pour voter hautement en leur faveur. Il fallait se lever et dire :
« Je vois ces messieurs en chemin vers le pouvoir
« et, puisqu'ils m'en offrent l'occasion, et que ce
« jour-là nous aurons grand besoin de nos libertés,
« je prends mes sûretés contre eux en votant leur
« amendement. » Mais on aime mieux se quereller
en Italie que de parler de nos affaires avec cette
franchise. On est pour le pape ou contre le pape
et, par un odieux abus de mots, on appelle cela
être pour ou contre la liberté.

Qui n'aurait cru du moins que sur les questions
de finances la Chambre fût unanime? Sur la question du vote du budget par chapitres, par exemple.
—Eh! bien, oui, monsieur le rédacteur, la
Chambre est unanime sur cette question; mais
alors c'est précisément son unanimité qui lui fait

peur, et se sentant la plus forte, elle s'arrête tout
court, de peur d'infliger un échec au gouvernement. Je ne pourrais compter tous les députés à
qui j'ai entendu dire : « Nous sommes tous du
« même avis là-dessus ; mais que voulez-vous?
« le gouvernement s'y oppose formellement, et
« l'idée de le voir vaincu, même par nous, et
« comme en famille, nous épouvante. » Vous
souvenez-vous, monsieur le rédacteur, de toutes
ces belles théories que nous avons entendu invoquer à l'appui du régime consultatif comparé
au régime parlementaire?

« Dans le consultatif, nous a-t-on répété cent
« fois, il n'y a point de ministère à renverser ;
« de là ce grand avantage qu'on vote sur chaque
« question en vue d'elle-même, avec une pleine
« liberté d'esprit, sans avoir jamais la préoccu-
« pation de maintenir ou de renverser un
« ministère. » Les oreilles ne vous tintent-elles
point encore de ce beau raisonnement? En effet, il
ne s'agit plus de renverser un ministère, mais de
quelque chose d'infiniment plus grave : il s'agit de
voter pour ou contre un ministre qui transmet pu-

rement et simplement à la Chambre l'opinion de
l'Empereur. Est-ce une situation plus commode?
L'esprit s'en trouve-t-il plus libre, plus dégagé de
toute préoccupation étrangère à la question spéciale
qu'on discute? Je ne le crois pas, monsieur le rédacteur, ni moi ni tous ceux qui savent comme
moi que la Chambre eût réclamé avec plaisir le
vote du budget par chapitres, si ce plaisir ne lui
eût point paru trop cher au prix d'un échec pour
le souverain.

Il y a quelqu'un qui ne croit pas non plus que
cette façon de discuter les affaires du pays soit la
plus commode, et qui a eu le courage de le dire
avec une sorte de candeur dont le public a été
touché. C'est M. de Pierre. Le *Moniteur* prétend
que la Chambre a ri en écoutant ce simple discours. Le *Moniteur* se trompe quelquefois, et je
croirais volontiers qu'il s'est trompé ce jour-là.
En tout cas, la Chambre a souvent écouté sans
rire des choses infiniment moins sérieuses que
l'honnête et instructive confession de M. de Pierre.
Il n'est point, d'ailleurs, sans exemple dans le
monde qu'on ait ri des choses les plus raisonnables

après quelque long sommeil de la raison publique. Qui sait si après le déluge, au sortir de l'arche, celui qui a proposé avec une timide simplicité de bâtir des maisons selon l'ancien usage, d'y mettre la cave en bas, le grenier en haut et chaque chose à sa place, n'a pas été accueilli par un éclat de rire?

M. de Pierre n'a pas fait autre chose. Il a dit avec quelque embarras et avec la plus touchante sincérité que ce n'étaient point les discours qui étaient violents dans la discussion de l'Adresse, mais la situation qui était violente; que pour lui il ne discuterait point la conduite du souverain dans la Chambre, qu'il ne se sentait libre qu'en discutant les actes d'un ministère responsable, et que les anciennes fictions constitutionnelles garantissaient mieux que les inventions récentes la liberté des assemblées et la paix publique. Il n'est point besoin d'éloquence pour frapper l'esprit de tout le monde avec ces simples et fortes vérités qui faisaient naguère partie de notre droit public, et qu'aucun esprit médiocrement éclairé n'aurait alors osé contredire. Si pourtant ce que j'ai peine

à croire, la Chambre a ri de ces paroles de M. de
Pierre, il est bon qu'elle sache au moins de qui
elle a ri et nous prendrons la respectueuse liberté
de le lui dire. Elle a ri de l'Assemblée constituante
tout entière depuis la droite jusqu'à l'extrême
gauche; elle a ri de Napoléon revenant converti
de l'île d'Elbe et tenant à la main la constitution
des Cent-Jours; elle a ri de la Charte de 1814 et
de 1815 et de tout ce que la France a compté
d'illustre depuis le premier jour de la Restauration
jusqu'à ce jour mémorable où l'adresse des deux
cent vingt et un a donné à Charles X sa dernière
et inutile leçon de droit constitutionnel; elle a ri
de la Charte de 1830 et des ministres à portefeuilles qui ont gouverné sous ce régime et des
ministres sans portefeuille que ce régime nous a
préparés à l'insu de tout le monde; elle a ri enfin
de la seconde Assemblée constituante elle-même
qui a mis à côté du Président de la République un
ministère responsable et soumis à la majorité du
Parlement. Il est possible que tous ces hommes
se soient trompés depuis Montesquieu jusqu'à
M. Thiers, et que M. Troplong seul, dans

notre histoire, ait eu raison ; il est possible que ce glorieux passé de la France ne soit qu'une longue erreur à côté de nos récentes lumières : mais alors même qu'on veut nous contraindre à déplorer cet universel égarement, ce serait une étrange entreprise que de nous persuader d'en rire.

Ce n'est pas tout, et M. de Pierre a ajouté à la fin de son petit discours une parole qui, mieux connue, ira au cœur de bien des gens parce qu'elle est déjà sur bien des lèvres et qu'elle se dégage comme une sorte de morale de la discussion de l'Adresse : « Je n'avais pas compris autrefois les « fictions constitutionnelles, a-t-il dit ; c'est d'au- « jourd'hui seulement que j'apprends à en con- « naître la sagesse. » Je ne dis pas que M. de Pierre soit le premier Français converti par cette expérience, mais il est le premier député qui avoue hautement cette conversion salutaire et qui dise ingénument : « Voilà le chemin que j'ai fait depuis « le 24 novembre. » Écoutez ma prédiction, monsieur le rédacteur ; non-seulement les députés qui ont ri de M. de Pierre entreront dans ce chemin à leur tour, mais il en est bon nombre qui soutiendront et s'imagineront de bonne foi qu'ils n'en sont jamais sortis.

Qui sait même si l'Empereur n'est pas du parti de M. de Pierre et ne le montrera pas quelque jour? Après tout, la surprise serait-elle plus grande que pour le décret du 24 novembre, et une Charte complète, promulguée ce jour-là aurait-elle causé à un plus haut degré *ce respectueux étonnement* qu'a si bien défini M. Baroche? Je ne puis résister, à ce sujet, à l'envie de vous redire l'explication singulière et vraiment originale qu'un de mes amis m'a donnée, non-seulement du décret du 24 novembre, mais de tous les événements accomplis parmi nous depuis dix ans. La théorie de mon ami (car on fait en pareille matière des théories comme sur le mouvement des corps célestes) est d'une bizarrerie si imprévue que j'hésiterais à vous la communiquer, malgré son innocence, si sa conclusion n'était, après tout, très-favorable au chef de l'État et faite pour lui concilier plutôt que pour lui aliéner les esprits. La voici dans toute sa candeur :

« Vous croyez, me dit-il, que vous êtes peut-
« être dans ce pays le plus obstiné partisan du
« gouvernement parlementaire; et parce que,
« depuis cinq ans, vous avez défendu sans re-
« lâche, avec une plume à moitié brisée, cette
« forme de gouvernement, vous montrez volon-
« tiers vos états de service; il y a pourtant quel-
« qu'un qui aime le gouvernement parlementaire
« avec une conviction et un dévouement bien su-
« périeurs aux vôtres; c'est l'Empereur... — Vous
« m'étonnez un peu. — C'est que vous n'avez
« jamais réfléchi, poursuivit-il, mais cela est plus
« clair que le soleil; écoutez-moi seulement et
« vous verrez que vous n'auriez jamais osé tenter
« le quart de ce qu'il a fait pour établir en
« France cette forme de gouvernement sur des
« bases solides. Vous conviendrez que vers la fin de
« la seconde République le public français était las
« et inquiet des discussions stériles de l'Assemblée
« nationale et commençait à ne plus en compren-
« dre l'utilité. L'Empereur a vu cela comme tout
« le monde et a craint que le peuple, livré à lui-
« même, ne détruisît pour jamais des institutions

« dont il ne sentait plus la beauté. Il prit donc les
« devants et fit le coup d'État, acte qui n'était
« autorisé par aucune loi, selon l'expression em-
« ployée au Sénat par le prince Napoléon, mais
« acte indispensable pour sauver d'une ruine plus
« profonde le régime parlementaire. — Je ne
« comprends guère. — Prenez patience; rien
« n'est plus simple. Une fois cela fait, l'Empereur
« se demanda comment il s'y prendrait pour ren-
« dre au régime parlementaire une popularité
« durable dans notre pays. La tâche était difficile,
« convenez-en. Vous souvenez-vous de toutes ces
« députations, de toutes ces adresses où l'on re-
« merciait l'Empereur d'avoir détruit ce fléau? —
« Parfaitement. — Le mal était plus profond que
« je ne pensais, se disait-il sans doute, en voyant
« ce curieux spectacle; il n'était que temps d'in-
« tervenir; j'aurai bien de la peine à ramener au
« régime parlementaire des gens si dégoûtés; j'y
« ferai de mon mieux; et il se tint parole. —
« Comment cela? — En faisant comprendre par
« de vifs et pressants exemples à chaque classe de
« la nation, prise à son tour, que le régime parle-

« mentaire avait certains avantages dont on pou-
« vait difficilement se passer. Je n'insisterai pas
« là-dessus; vous me comprenez sans peine, ou
« du moins vous n'avez qu'à regarder autour de
« nous pour me comprendre. Tous ceux qui ai-
« ment la paix sont aujourd'hui réconciliés d'a-
« vance avec un Parlement capable et désireux
« d'éviter la guerre. Les grands industriels qui en
« étaient venus, il y a dix ans, à exécrer les Assem-
« blées, soutenaient, il n'y a pas bien longtemps
« encore, qu'elles devraient intervenir dans les
« traités de commerce. Quant au clergé, vous sou-
« venez-vous que, grâce à l'*Univers*, le régime
« parlementaire et Satan lui semblaient aller
« de compagnie. Aujourd'hui j'entends parler
« dans les lieux les plus saints de l'Assemblée
« constituante, et je crois, Dieu me pardonne,
« que sur trois personnes qui se préoccupent des
« prochaines élections il y a deux prêtres. Qui a
« fait tout cela? A qui en sommes-nous redeva-
« bles? Est-ce à vous et à votre petit bout de plume
« courant toujours sur le papier, ou à la politique
« de l'Empereur? Soyez modeste et avouez que ce

« n'est pas à vous. Eh bien ! je soutiens, moi, que
« cette politique était profonde, calculée, et que
« c'est bien là qu'elle voulait en venir. Mais l'Em-
« pereur a fait plus encore : il a converti M. de
« Pierre. — Expliquez-vous, de grâce, expliquez-
« vous !— C'est certain et c'est bien simple, comme
« on dit sans cesse dans je ne sais quelle comé-
« die. Confessez vous-même, que si l'Empereur
« avait rendu tout d'un coup la Charte à la France,
« bien des gens auraient été effrayés du cadeau.
« Quoi ! auraient-ils dit, on va encore se battre
« pour des portefeuilles, faire des coalitions, ren-
« verser des ministères ! N'y a-t-il donc point en de-
« hors du gouvernement d'un seul homme d'autre
« mécanique que celle-là ? Pourquoi l'Empereur
« n'a-t-il pas cherché quelque autre combinaison ?..
« Voilà ce qu'on aurait dit de toutes parts. En
« doutez-vous ? Rappelez-vous donc M. de Pierre,
« ce bon Français, ce vrai Français, qui, avant la
« discussion de l'Adresse, n'avait pas compris l'u-
« tilité des fictions constitutionnelles. L'Empereur
« connaissait bien avant vous M. de Pierre, et il
« sait qu'on en compte par milliers et par milliers

« en France. C'est pour achever la conversion
« universelle qu'il a fait le décret du 24 novembre
« avec le souverain discuté dans les Chambres, les
« ministres doubles, l'Adresse non obligatoire et
« tout ce qui s'ensuit. Il a voulu qu'on vît marcher
« tout cela. Qu'est-ce qui vous fait sourire? — Je
« pense au rapport de M. Troplong et à ses théo-
« ries si profondes, que j'ai si naïvement combat-
« tues. — Laissez de côté tous ces documents, c'est
« mon explication qui est la bonne, et soyez sûr
« qu'en lisant le discours de M. de Pierre le souve-
« rain s'est dit : Les y voilà, et je suis enfin payé de
« toutes mes peines. Après tant d'épreuves le ré-
« gime parlementaire, compris enfin et aimé de
« tout le monde, sera indestructible. Vous souriez
« encore. — Mon ami, je n'ose vous croire fou,
« mais j'en suis bien tenté. — Fou! s'écria-t-il. Sa-
« vez-vous qui mérite ce nom? c'est celui, qui, dans
« le temps où nous sommes, prétend s'y connaître
« et décider avec quelque certitude de la raison ou
« de la folie de ses semblables. »

Il m'a quitté là-dessus, monsieur le rédacteur, et
j'ai hésité un instant à vous rapporter cette cau-

serie singulière. Après tout, me suis-je dit, où est
le mal ? Son illusion bizarre fait de lui un citoyen
fort paisible, très-attaché au gouvernement, plein
de gratitude et de patience ; elle est donc bien
loin d'être dangereuse, si on la juge à de si bons
fruits, et ceux qui en liront le récit ne pourront
me savoir mauvais gré de leur en avoir fait la con-
fidence.

XIV

Un vote de confiance. — M. de Cavour, le Pape et l'Empereur. — M. Suin
l'évêque de Poitiers. — La théologie du Conseil d'État. — La Pologne.

1er avril 1860.

Monsieur,

Lorsque je vous écrivais, il y a quinze jours, les
réflexions que me suggérait la discussion de l'A-
dresse à la Chambre des députés, je ne pensais
guère que ce débat fût si près de son terme, et je
m'attendais encore moins, j'ose le dire, à voir le
président de l'Assemblée transformer purement
et simplement en un vote de confiance réclamé
pour l'Empereur le libre conseil qui avait été demandé aux représentants de la nation. « Nous

« avons confiance en vous et nous nous en rappor-
« tons à vous… » Tel est le sens que M. de Morny
a donné au vote qu'il sollicitait de l'Assemblée.
« Le gouvernement de l'Empereur a besoin d'un
vote de confiance et d'une complète liberté… ; la
confiance ne définit pas, ne limite pas… » Et
encore : « Est-ce cette majorité qui est devant moi,
« cette majorité qui a acclamé l'Empire, qui a aidé
« l'Empereur dans toutes les épreuves politiques
« que nous avons traversées depuis dix ans, qui lui
« refuserait un vote de confiance? non, messieurs! »
Tel est le caractère du vote qui a été formellement
demandé et obtenu de l'Assemblée.

Je ne prétends pas le moins du monde, monsieur
le rédacteur, que M. de Morny ait eu tort de prononcer ces paroles. Il avait pleinement le droit et
peut-être le devoir de réclamer un vote de confiance pour l'Empereur, comme on le réclamait
jadis pour le ministère, puisque la Constitution
qui déclare l'Empereur responsable le met directement et à découvert en face de l'Assemblée.
M. de Morny a donc été strictement constitutionnel
dans cette circonstance, mais il ne pouvait mieux

s'y prendre pour nous rappeler que la Constitution est perfectible et qu'elle a besoin d'être perfectionnée.

Vous souvenez-vous, à ce sujet, du discours que M. de Morny a prononcé à l'ouverture de cette session ? Il félicitait la Chambre, en termes excellents, des conquêtes involontaires ou du moins inattendues qu'elle avait faites, et particulièrement du droit d'amendement qui lui était restitué. « La Chambre, disait alors M. de Morny, ne sera plus placée « à l'avenir, comme sous le règlement précédent, « entre un acte insensé et une soumission regret- « table. » Je ne prétends pas le moins du monde, monsieur le rédacteur, qu'en face d'un vote de confiance qui lui est demandé pour l'Empereur, la soumission de la Chambre puisse jamais être qualifiée de *regrettable*, mais je soutiens que sa résistance, dans un cas de cette nature, pourrait être qualifiée d'*insensée*. On peut refuser sans inconvénient un vote de confiance à un ministère responsable et amovible ; on ne peut, sans péril pour l'ordre public, le refuser à un souverain permanent et héréditaire. Le mandat de nos députés

les autorise pleinement à déclarer qu'ils n'ont
point confiance en M. Baroche, en M. Billault et
en leurs collègues, et ils peuvent se passer cette
envie sans ébranler l'État ; mais leur mandat ne
les autorise nullement à déclarer qu'ils n'ont point
confiance en l'Empereur, et lorsqu'on voit une
Assemblée placée directement en face d'une question aussi périlleuse, on ne peut se défendre de
regretter que la Constitution permette de la poser.

« Tout s'enchaîne dans ce mécanisme mer-
« veilleux du gouvernement parlementaire, » a
très-bien dit M. Odilon Barrot dans son excellent
essai sur la *Centralisation.* « La nécessité de l'in-
« terposition des ministres responsables est la
« conséquence forcée de la liberté de discussion et
« du droit de blâme, car le chef de l'État ne peut
« être impunément ni discuté ni blâmé. Les faits
« ont leur logique inflexible. Cette logique, l'Em-
« pereur n'attendra pas qu'elle s'impose à lui; il
« saura la devancer ; il ne voudra pas avoir repris
« au gouvernement parlementaire seulement ses
« dangers, il en voudra aussi les bienfaits. »

Voulez-vous voir, monsieur le rédacteur, ce que

c'est qu'un ministre responsable dans la plénitude de ses attributions et de sa liberté? Regardez au delà des Alpes; écoutez M. de Cavour lorsqu'il harangue un Parlement qui délibère à deux pas de l'Autriche, sous la protection lointaine, mais efficace, de nos armes. M. de Cavour n'est point dédoublé en deux personnes; il prétend expliquer mieux qu'un autre sa politique; il fait ses discours comme il écrit ses dépêches; enfin il n'abuse guère du nom du roi, et le roi ne paraît dans toutes ces aventures que lorsqu'il s'agit de se battre. Aussi quelle netteté dans les paroles et dans les actes de ce personnage! Ce n'est pas à lui qu'on pourra jamais dire : « Qui êtes-vous, et que voulez-vous? » car il dit hardiment à tout le monde : « Je représente l'unité de l'Italie et je veux Rome. » Tout donne à penser qu'il aura ce qu'il veut, monsieur le rédacteur.

Il s'y prend d'ailleurs fort habilement pour rendre un refus bien difficile, non pas de la part du pape, qui offre seulement un pardon lorsqu'on lui demande sa capitale, mais de la part de l'Empereur, qui peut livrer Rome d'un trait de plume.

M. de Cavour connaît notre Constitution aussi
bien que M. de Morny, et déclare nettement du
haut de la tribune qu'il n'y a plus que la volonté
de l'Empereur entre Rome et le vœu de l'Italie.
Tout est réglé, dit-il au Parlement; Turin se rési-
gne à ne plus être capitale, les autres villes de
l'Italie déposent aussi leur antique couronne;
Rome met tout le monde d'accord. Toute l'Italie
peut aller à Rome et Rome appelle toute l'Italie.
Mais nous ne pouvons songer à occuper Rome
sans l'aveu de la France; cela serait en notre pouvoir que nous rougirions de notre ingratitude. Il
nous faut son aveu. Or, la France a laissé les
mains libres à l'Empereur. Tout dépend donc de
lui; notre capitale est dans sa main; nous atten-
drons qu'il veuille bien nous la donner.—N'est-ce
pas un habile langage, monsieur le rédacteur,
et M. de Cavour pouvait-il mieux faire que de
mettre ainsi face à face et en tête à tête l'Empereur et l'Italie?

Il a été moins heureux à l'égard du pape, et il
ne faut point s'en étonner; car en face d'une
question insoluble, le plus adroit politique du

monde ne peut donner que la solution qu'il a.
Nous vous garantissons l'indépendance de l'Église,
répète sans cesse M. de Cavour. Aux yeux de qui
garantissez-vous cette indépendance ? Ce n'est pas
d'abord aux yeux du pape, qui qualifie d'avance
cette indépendance, telle que vous l'entendez,
d'intolérable oppression. Est-ce aux yeux des nations catholiques ? J'ignore ce qu'en pense le gouvernement français, mais je ne crois pas qu'un
pape possédant un château ou même tout un quartier dans la capitale du roi d'Italie, paraisse assez
indépendant dans ses actes et dans ses choix pour
que les Églises d'Autriche, d'Espagne, de Portugal
et de Bavière acceptent ses décisions sans murmure. Qu'est-ce donc si l'un de ces États est en
querelle avec le roi d'Italie et n'en est pas moins
forcé de s'entendre tous les jours avec le pape,
son hôte, pour la nomination des évêques et
pour l'administration de l'Église? M. de Cavour
trouvera-t-il une solution satisfaisante à de telles
difficultés ? Il en trouvera, non pas une, mais
vingt, toutes excellentes si l'on consulte seulement
les philosophes, les protestants, les incrédules et

ce grand nombre d'hommes pour qui ces difficultés n'existent même pas, par la simple raison
qu'ils ne sont pas catholiques. On ne peut songer
à leur en faire un reproche et j'en aurais moins le
droit que personne, mais n'y a-t-il point de leur
part une extrême injustice à trouver mauvais que
les catholiques ne soient point satisfaits en ces
matières à aussi bon marché que ceux qui se passent de pape, d'évêques et de tout ce qui s'ensuit?

Que M. de Cavour soit bien persuadé que ce
n'est point seulement la volonté de l'Empereur
qui se trouve entre lui et Rome. Il en est encore
séparé de toute l'épaisseur de ce problème qui consiste à assurer aux yeux des nations catholiques et
de leurs gouvernements la pleine indépendance du
pape, devenu l'hôte et jusqu'à un certain point,
quoi qu'on fasse, le premier sujet du roi d'Italie.
Voilà le sphinx qui est assis à la porte de Rome et
qui n'en permet point l'entrée. Que M. de Cavour
lui fasse une réponse convenable, et l'Europe, en
proie à tant de divisions, est bien capable de le
laisser passer.

Quelques-uns pensent (pourquoi ne pas le dire)? qu'en parlant de la séparation de l'Église et de l'État, comme de la meilleure solution qu'on puisse donner à ce problème, M. de Cavour entend établir en Italie cette complète liberté de l'Église qu'on voit fleurir dans l'Amérique du Nord, en Angleterre et en Australie. Détachée complétement de l'État et soumise seulement au droit commun qui régit les associations des citoyens, l'Église catholique s'administrerait, se recruterait et se *payerait* elle-même. Plus de concordat et partant plus de conflit ; nommés par le pape et salariés par les fidèles, les évêques n'auraient plus aucun des caractères du fonctionnaire public, et l'État, qui ne leur accorderait aucune faveur, n'aurait à leur demander aucune obéissance.

Ce système peut se soutenir, mais il exige chez ceux qui l'appliquent une modération et une loyauté bien rares. Il faut savoir d'abord à quoi l'on s'engage en adoptant ce principe, et ne point se plaindre un jour si l'on voit se former, par la puissance de l'association, un État dans l'État.

Marchander une seule liberté à une Église qu'on aurait privée de son salaire, ce serait le dernier degré de l'injustice et de la perfidie. Il faut donc regarder ce danger en face et l'affronter avec un cœur loyal. Il faut se rappeler, tout d'abord, qu'on n'aurait pas devant soi, comme dans les États que nous citions tout à l'heure, une Église tranquille, satisfaite et même reconnaissante de sa liberté ; mais, au contraire, une Église habituée à partager le pouvoir, sinon à le posséder tout entier, et indignée de se voir déchue en pleine égalité au rang de ces sectes tolérées dont elle déplorait et dédaignait en même temps l'indépendance. C'est à cette Église vaincue, non pas accablée, qu'on aurait affaire, et il faudrait souffrir, sous peine d'injustice et d'inconséquence, qu'elle promenât à travers le peuple sa sébille de bois, recueillant l'aumône et les sympathies du plus pauvre, pour Jésus-Christ, une seconde fois dépouillé et persécuté.

M. de Cavour veut-il tenter l'expérience ? Je l'ignore comme vous, monsieur le rédacteur. Supposons qu'il la tente ; que, par un miracle, il l'achève avec succès et que partout on l'imite. Le problème ne semblera-t-il point résolu ? Voilà le pape chef de secte, de la secte, il est vrai, la plus puissante et la plus répandue dans le monde; mais il n'a plus besoin d'être souverain temporel, il n'a plus à traiter avec les gouvernements ; il va droit aux âmes et s'entend directement avec les peuples ; il choisit leurs pasteurs, reçoit leurs tributs et dirige souverainement leur conscience, sans égard pour les préférences des conseils d'État. Faut-il interpréter dans ce sens les paroles de M. de Cavour, monsieur le rédacteur, et veut-il expérimenter le premier en Italie ce système? J'ose dire que toute l'Europe catholique, si profondément intéressée dans la question, le suivra des yeux avec une ardente curiosité. Voyons comment cela marche, se dira-t-elle; ce n'est pas encore à nos frais que se fait l'expérience : *Experientia in anima..... Italorum.*

Je sais un gouvernement qui ne suivrait que lentement M. de Cavour dans cette voie nouvelle, et qui s'arracherait avec quelque peine à la terre d'Égypte, où fleurissent les concordats, le salaire, les quatre articles, les appels comme d'abus et tous ces instruments indispensables pour protéger et diriger les Églises.

C'est le nôtre, monsieur le rédacteur ; et en ce point il ressemble à ses devanciers. La France n'a pas encore eu de gouvernement qui ne consentît plutôt à doubler le salaire des évêques qu'à renoncer au droit de faire juger leurs mandements par M. Suin et ses collègues. Supposons la séparation complète de l'Église et de l'État effectuée, et voilà, parmi bien d'autres conséquences, l'article 204 du Code pénal qui tombe au fond de la mer. Avez-vous lu, monsieur le rédacteur, cet article 204 du Code pénal, et connaissez-vous en ce genre toutes nos richesses ? Voici cet article dans son incomparable clarté :

« Tout écrit contenant des instructions pasto-
« rales, en quelque forme que ce soit, et dans le-
« quel un ministre du culte se serait ingéré de
« *critiquer ou censurer* soit le gouvernement,
« soit *tout acte de l'autorité publique*, emportera la
« peine du *bannissement* contre le ministre qui
« l'aura publié. »

Veuillez réfléchir, monsieur le rédacteur, à ce

que produirait en France l'application sincère de cet article, et comptez les évêques qui continueraient d'habiter notre territoire. Cette émigration du clergé n'aurait guère été moins considérable sous la monarchie de Juillet, où les *actes* du gouvernement et de l'autorité publique ont été assez rudement traités pendant la campagne des évêques contre l'Université. On n'a pas plus appliqué ce terrible article dans ce temps-là qu'aujourd'hui ; mais que pourrait répondre le gouvernement aux *libéraux* qui en réclameraient l'application ? Eh bien, monsieur le rédacteur, ce précieux article serait perdu avec bien d'autres, le jour où l'État cesserait de salarier les cultes, car ce jour-là tout le monde rentrerait dans le droit commun, et l'État n'aurait plus le droit de distinguer, au point de vue de la répression, entre une instruction pastorale et une instruction pour jouer à la Bourse.

C'en serait fait aussi des rapports sur les mandements déférés au conseil d'État, et vraiment ce serait grand dommage.

Je crois traiter avec tout le respect qui lui est

dû ce genre de productions, en déclarant qu'il
forme une branche importante et curieuse de la
théologie, et que s'il vient à disparaître, il laissera
un vide difficile à combler dans notre littérature
nationale. Nous faisons, d'ailleurs, de rapides progrès dans ce genre, et le dernier de ces essais me
paraît toujours le meilleur. Je ne veux vous signaler dans celui de l'honorable M. Suin (qui est, m'a-
t-on dit, un ancien avocat général) qu'une seule
phrase dont j'ai bien le droit d'être jaloux, car je
ne l'aurais jamais trouvée. Il s'agit d'établir que
l'évêque de Poitiers a eu tort de voir l'inspiration
du gouvernement dans la brochure de M. de la Guéronnière : « Cette explication n'est pas recevable,
« dit M. Suin; cet écrivain avait demandé la permis-
« sion d'écrire librement. »

Il est, en ce moment, à l'autre bout de l'Europe,
des gens qu'on a tués cent fois, qu'on a crus cent
fois morts, et qui se relèvent encore pour demander, d'une voix calme et impossible à étouffer, la
permission de vivre libres. Ce sont les Polonais de
Varsovie, ces représentants de la nationalité la
plus légitime et la plus malheureuse qu'on ait vue

dans le monde. Nos libérateurs de peuples (j'entends ceux qui font profession de libéralisme hors de nos frontières) sont assez froids pour la Pologne qui dérange, à ce qu'on assure, leurs combinaisons en risquant de les brouiller avec l'empereur de Russie, à l'amitié duquel ils tiennent fort; si bien que la Pologne ne les touche guère plus que s'il s'agissait de la France. Qu'ils se rassurent; il est impossible de croire que l'empereur de Russie n'ait pas quelque grand et généreux dessein sur la Pologne. Quel sens pourrait-on attacher autrement aux concessions déjà faites et à celles qu'on promet encore? On n'irrite point l'appétit d'un peuple pour lui refuser tout à coup son aliment; on ne le laisse point se mettre en route pour lui opposer brusquement une muraille de fer. Si la sagesse des Polonais se soutient jusqu'au bout, elle aura certainement sa récompense.

C'est déjà une conquête que le départ de M. Muchanow, emportant avec lui sa dangereuse circulaire qui excitait les paysans contre leurs maîtres. Flatter les petits pour opprimer les grands est une vieille et universelle politique qui remonte à Tar-

quin le Superbe, et qui n'en est pas plus honnête.
Mais, voyez, monsieur le rédacteur, comme de
leur côté les nobles polonais cherchent sagement
à s'attacher les paysans en se hâtant de les faire
propriétaires. Quoi de plus généreux et en même
temps quoi de plus habile ! Jacques Bonhomme !
Jacques Bonhomme ! on te fait la cour par tout
pays, d'un bout de l'Europe à l'autre et l'on se
dispute tes bonnes grâces : si du moins l'ardente
émulation de tes amis pouvait aller jusqu'à t'apprendre à lire !

XV

Une lettre dont tout le monde parle. — Explications instructives entre deux généraux piémontais. — La Pologne. — Le droit de pétition. — Le parti des vierges. — Le secret de M. de Boissy.

28 avril 1861.

Monsieur,

Je veux vous parler tout d'abord de la lettre... [1] (rassurez-vous, monsieur le rédacteur) de la lettre de M. de Montalembert à M. de Cavour, puis de la lettre du général Cialdini à Garibaldi, puis de la lettre de Garibaldi au général Cialdini, puis de quelle autre encore? Est-ce là tout? Oui, c'est tout, je pense; sans en être bien sûr, tant le genre épi-

---

[1] La *Lettre sur l'Histoire de France*, adressée par le duc d'Aumale au prince Napoléon, et saisie par le parquet, occupait en ce moment toute l'attention du public.

stolaire a pris faveur dans ces derniers temps. On
n'entend plus parler que de lettres; non pas de
ces lettres cachetées que porte innocemment le
facteur, mais de ces lettres qui sont adressées à
quelqu'un pour être lues par tout le monde,
comme celles que je vous ai citées tout à l'heure.

Le caractère commun à toutes ces correspon-
dances, c'est que, contrairement à l'usage, on ne
cherche point, en général, à être agréable à celui
auquel on prend la peine d'écrire. M. de Montalembert n'a point voulu faire plaisir à M. de Cavour, ni le général Cialdini à Garibaldi, et ainsi
du reste. M. de Montalembert, par exemple, refuse nettement à M. de Cavour la possibilité d'é-
tablir, selon sa formule, l'Église libre dans un
État libre, et appuie ses refus sur une foule de
raisons qu'on peut discuter, mais dont personne
ne contestera la vigueur et l'éloquence.

Quant aux deux généraux piémontais, ils échangent d'assez dures vérités, qu'il paraissait convenu
de laisser dans l'ombre et que M. de Cavour ne doit
pas écouter sans quelque impatience. Je ne suis
pas l'ennemi de l'indépendance italienne, monsieur

le rédacteur, et je suis toujours très-incliné à excuser des gens qui tiennent à leur liberté, sentant moi-même que je ne demanderais pas mieux que de tenir à la mienne si je la tenais. Mais j'exècre la *souveraineté du but* et la fameuse maxime : *La fin justifie les moyens*, m'a toujours fait lever le cœur. J'ai donc eu peu de goût, vous le savez, pour les moyens qui ont rendu le Piémont maître de l'Italie, et si j'avais la moindre malice je pourrais sourire aujourd'hui de ces confessions toutes militaires. « Vous vouliez tirer sur nous, vos amis, s'écrie le général Cialdini ; vous aviez donné l'ordre « de nous recevoir à coups de fusil dans les « Abruzzes... » — « Ne veniez-vous point en ennemis ? répond Garibaldi ; n'avez-vous point déclaré à l'Empereur, à Chambéry, que si vous « traversiez avec quelque indiscrétion les États du « pape, c'était afin de courir me livrer bataille ? » Que peut répondre à cela le général Cialdini ? Une seule chose bien connue, mais qu'il n'aura garde de dire : c'est qu'on jouait la comédie à Chambéry ; c'est qu'on y abusait, trop facilement, de la bonne foi de l'Empereur, et que Garibaldi aurait

bien dû le comprendre avec gratitude, sans attendre que M. Thouvenel se plaignît de cette décep-
tion inattendue devant toute l'Europe. « Ce n'est
« pas tout, dit encore Cialdini, vous êtes un ingrat,
« car, sans notre arrivée, vous étiez dans une
« triste situation sur le Vulturne. » — « Non pas, .
« s'écrie Garibaldi, j'étais alors au-dessus de mes
« affaires, » et il montre en ce point plus d'esprit
que le général Cialdini, qui dérange indiscrètement
l'édifice délicat des explications de M. de Cavour.
Que prétendent, en effet, les amis du roi de Naples? Que le Piémont est venu en pleine paix l'ac-
cabler, au moment où il allait à son tour prendre
sa revanche contre Garibaldi. — Qu'a soutenu, au
contraire, M. de Cavour? Que le Piémont est venu
seulement rétablir l'ordre dans le royaume de Naples après la victoire de Garibaldi. Mais voici le
vrai vainqueur qui revendique aujourd'hui sa victoire et qui dit : « C'est nous qui avons détrôné le
« roi de Naples et nous vous avons trouvé dans une
« triste situation sur le Vulturne. » Est-ce clair?

Italiens! je ne vous hais pas, mais je hais le
mensonge. Vous méprisez, dites-vous, la diplo-

matie. Méprisez-la donc tout de bon, et n'en faites pas si grand usage; c'est être plus diplomates que de raison que d'avoir réussi à tromper l'Empereur des Français, que dis-je, Garibaldi lui-même! dans votre ambassade à Chambéry. Et pour en finir avec Garibaldi, ne lui dites pas trop d'injures. Il vous rend tous les jours de grands services. Qui se douterait, sans les accusations de Garibaldi, que M. de Cavour est pacifique! Qui se douterait, si Garibaldi ne s'en plaignait à Dieu et aux hommes, que M. de Cavour attend Rome et Venise du maintien de la paix et des progrès de l'opinion publique? Ne découragez donc pas un si utile adversaire. Entretenez-le plutôt en bonne santé et en mauvaise humeur, et souhaitez qu'il vous accuse énergiquement une ou deux fois par mois d'avoir trop de respect pour les traités et trop d'égards pour la paix du monde. Cela n'est pas de trop pour rétablir votre bonne réputation aux yeux de l'Europe.

La paix! l'avons-nous, à vrai dire, et pouvons écrire ce mot d'un cœur tranquille quand le sang est à peine séché dans les rues de Varsovie? J'aime

la Pologne, monsieur le rédacteur, non-seulement parce qu'elle est dans son droit et parce
qu'aucune ambition déloyale n'est mêlée à sa
cause, mais je l'aime surtout parce que nos faux
démocrates ne l'aiment point et qu'elle les dérange
à la fois dans leurs déclamations et dans leurs
calculs. Ils fondent, en effet, de grandes espérances sur l'empereur de Russie, et lui savent gré
d'avoir vu les événements d'Italie sans déplaisir :
« Pourquoi, disent-ils, troubler chez lui un sou-
« verain qui se plaît à voir tomber les autres?
« Pourquoi lui chercher de petits défauts et regar-
« der à sa Pologne? Il faut bien passer quelque
« chose à ses amis. N'est-ce pas, d'ailleurs, un
« libéral et n'affranchit-il pas les serfs? » Voilà le
langage de ces sophistes, et il n'est que trop aisé
de leur répondre : « S'il suffit d'être réformateur
« pour garder à bon droit les nationalités conqui-
« ses, qui fait plus de réformes que l'Autriche, et
« pourquoi lui contestez-vous le droit de rester à
« Venise? Et si les nationalités vaincues vous re-
« muent le cœur au delà des Alpes, pourquoi re-
« gardez-vous tranquillement couler leur sang

« sur la Vistule? Vérité en deçà de cette limite,
« mensonge au delà, a dit Pascal. Pour vous, vous
« mentez partout, mais de diverses manières... »
Mais nos faux démocrates m'indignent peut-être
moins encore, monsieur le rédacteur, que ces
Russes, révolutionnaires à bon marché, qu'on
rencontre partout protestant la main sur le cœur
de leur amour pour l'Italie et ne baissant pas les
yeux lorsqu'on leur parle de la Pologne. Ils ont
le même sang-froid que ces Prussiens qui, le même
jour et à la face du monde, votent un amendement en faveur de l'Italie et imposent silence
au député de Posen. J'avoue que ces Russes ont
une raison admirable pour accorder leur conduite
envers la Pologne avec leurs sympathies pour l'I-
talie. « Nous voudrions de grand cœur, disent-ils,
« reconstituer la Pologne; mais nous ne pouvons
« nous exposer à la voir entreprendre sur nous
« des conquêtes. Or, les Polonais revendiquent
« déjà certaines provinces qui sont évidemment
« russes; mieux vaut donc laisser les choses
« comme elles sont, car on ne pourrait s'enten-
« dre. » Et le ciel ne s'écroule pas, monsieur, sur

ceux qui disent de telles choses! Et les mêmes
bouches reprochent à l'Autriche de ne point éva-
cuer Venise! Mais l'Autriche elle-même disait en
1848, en réponse aux propositions de lord Pal-
merston, qu'elle ne pouvait abandonner Venise à
des gouvernements « qui déclarent dans leurs
« programmes officiels que le Tyrol, le littoral de
« l'Istrie et celui de la Dalmatie, font partie du
« territoire italien[1]. » Si cet argument paraît dé-
testable dans la bouche des Autrichiens, d'où
vient qu'il est admirable dans la bouche des Russes? Vous souvenez-vous, monsieur le rédacteur,
de l'aimable comédie de Casimir Delavigne, l'*École
des vieillards* : « Mais moi, c'est autre chose... »
dit sans cesse Danville à son vieil ami en le dé-
tournant du mariage. Voilà ce que disent les Anglais quand on leur parle de l'Irlande, des îles
Ioniennes ou de nos îles françaises de la Manche;
voilà ce que disent les Prussiens et les Russes quand
on leur parle de la Pologne. Ils célèbrent tous Gari-

---

[1] Dépêche de M. Hummelawer du 26 mai 1848. — Voir l'*Histoire de la révolution de février* de M. Garnier Pagès, 1er vol.,
page 450.

baldi ; *mais eux, c'est autre chose!* Non, monsieur
le rédacteur, ce n'est pas autre chose et les événements auront, je l'espère, de la logique et de la
justice pour ceux qui ont banni toute justice et
toute logique de leurs actes et de leurs paroles.

Prétendrai-je, monsieur le rédacteur, que si la
logique et la justice étaient chassées de la terre,
on les retrouverait dans le sein du Sénat? Il ne
faut rien exagérer et je n'irai point jusque-là, mais
je soutiens que le Sénat a fait preuve de justice et
de logique en reconnaissant qu'on peut lui adresser
des pétitions pour demander des modifications à la
Constitution existante. Il a voté, il est vrai, l'ordre
du jour sur la pétition de M. Taillefer, mais il a
protesté en même temps que c'était l'ordre du jour
pur et simple et non pas dans le sens où M. de
Casabianca l'avait demandé, c'est-à-dire dans le
sens d'une exclusion systématique des pétitions
tendant à modifier la Constitution.

Laissez-moi m'arrêter un instant sur ce sujet,
monsieur le rédacteur, et vous en sentirez bientôt
l'importance. Une Constitution modifiable, un souverain responsable sont en France deux nouveautés

auxquelles le Sénat lui-même ne s'habitue qu'avec peine; mais notre situation est telle que, dans la pratique, ces deux nouveautés nous sont indispensables. Supposez, en effet, que la responsabilité du souverain disparaisse sans que la responsabilité des ministres soit rétablie, à qui m'en prendrais-je et quel acte du pouvoir pourrais-je jamais discuter ? Tandis qu'actuellement on peut discuter, tant bien que mal, et avec tout le respect convenable la politique de l'Empereur. Supposez que la Constitution cesse d'être modifiable, quelle imperfection puis-je signaler, quelle réforme puis-je indiquer ? Aucune; je suis condamné à l'adoration perpétuelle et au silence; tandis qu'actuellement je puis discuter avec prudence sous forme de brochure, d'article ou de pétition au Sénat, toutes les institutions qui nous régissent [1].

M. de Ladoucette, et M. la Rochejacquelein ont donné en faveur de ce droit d'excellentes raisons. Le Sénat est, en effet, chargé de proposer les mo-

[1] Par une note insérée au *Moniteur* du 28 novembre 1861, six mois après cette lettre, on a déclaré que, bien que modifiable, la Constitution n'était pas discutable ; mais cette contradiction ne peut longtemps se soutenir.

difications constitutionnelles qui lui paraîtraient convenables; mais comment apprécierait-il l'opportunité de ses propres démarches si on lui coupait, sur ce point, ses communications avec le pays. Bien plus, s'il proposait une réforme qui n'eût pas été réclamée, ne lui reprocherait-on pas à bon droit de s'agiter dans le vide? Il faut donc qu'on puisse lui demander des réformes et partant les discuter, l'amener à les discuter lui-même et lui donner ainsi une occupation salutaire.

Tout cela ne peut que profiter au Sénat, et je ne puis comprendre qu'il y ait tant de gens qui paraissent conjurés contre son activité et résolus à lui enlever tout sujet de travail. Remarquez d'abord, monsieur le rédacteur, qu'il n'y a au monde que trois sortes de pétitions : 1° les pétitions particulières, intéressées et le plus souvent absurdes, comme celles où l'on demande au Sénat un bureau de tabac ou l'augmentation d'une pension de retraite; 2° les pétitions contre les abus du pouvoir administratif, depuis le garde champêtre jusqu'au ministre; 3° les pétitions législatives ou constitutionnelles réclamant, comme celle de M. Taillefer,

12.

une modification aux lois ou institutions du pays.

Il va sans dire que les pétitions du premier genre sont insignifiantes et ne sauraient occuper le Sénat plus de cinq minutes par douzaine ; quant aux secondes, j'ai lu dans un journal fort sérieux, qu'on n'avait pas le droit d'en fatiguer le Sénat, puisqu'on avait pour juger les actes administratifs, le conseil de préfecture et le conseil d'État ; enfin, peu s'en est fallu qu'on ne déclarât illégal l'envoi des pétitions du troisième genre. Or, je vous le demande, monsieur le rédacteur, si ces doctrines avaient prévalu, que serait-il resté à faire au Sénat ? A vérifier, me direz-vous, la constitutionnalité des lois votées par le Corps législatif et leur conformité aux principes de 1789. Soit ; mais il est reconnu que le Corps législatif n'a aucune tentation de violer quoi que ce soit, et que la répression éventuelle d'écarts si peu probables ne ménage pas au Sénat une occupation suffisante. Laissons donc subsister le droit de pétition tel qu'il est et remercions ceux qui en font, comme M. Taillefer, un consciencieux usage.

Pauvre M. Taillefer ! Voici M. Tourangin qui lui

demande sévèrement pourquoi, étant député, il n'a pas mis le sujet de sa pétition en discours, pendant la discussion de l'Adresse, au lieu d'en appeler au Sénat. M. Taillefer ne pourrait-il pas demander à son tour pourquoi M. Tourangin, étant sénateur, ne lit pas le *Moniteur* avec toute l'attention désirable? Moi qui ne suis rien et qui pourrais, sans scandale, ignorer les discussions de nos deux Chambres, j'ai entendu M. Taillefer prononcer précisément le discours que M. Tourangin lui reproche de n'avoir point fait; et M. Tourangin peut le lire encore dans la séance même où M. Keller a prononcé un autre discours qui n'est point sorti de toutes les mémoires. Pour moi, j'ai entendu ce jour-là M. Taillefer avec plaisir, car il venait grossir (comme M. de Pierre l'a fait quelques jours plus tard), ce parti respectable et presque touchant que j'appellerais volontiers *le parti des vierges*, parti qui est né du sein même de l'Empire, qu'on ne peut accuser de lui être hostile, et qui, éclairé par l'expérience, demande ingénument, avec une voix modeste et un cœur pur, qu'on modifie la Constitution.

Si l'intention de M. Taillefer nous paraît excellente, cela ne veut point dire que sa pétition puisse nous faire grand bien. On l'eût prise pour fondement d'une loi nouvelle, et le renouvellement partiel du Corps législatif eût été adopté à la place du renouvellement intégral, que le suffrage universel n'en aurait pas eu moins de puissance et n'en serait pas exposé à moins de caprices. S'il est en réalité, comme le croit M. de Taillefer, tantôt une eau dormante, tantôt une tempête, ou plutôt un mascaret qui emporte tout, il importe peu qu'on lui ouvre une issue étroite ou une large voie; la voie large offre même moins de péril; car le plus grand de tous les périls, ce serait l'existence prolongée d'une Assemblée affaiblie moralement par un renouvellement partiel, qui aurait condamné la politique de la majorité, sans lui enlever des mains le pouvoir. Il n'est point de pire situation au monde que de rester debout en vertu de la loi, lorsqu'on n'est plus soutenu par l'opinion.

La seconde partie de la proposition de M. Taillefer, qui proposait d'en finir avec les bulletins imprimés, et de faire écrire le bulletin dans la salle du vote, est plus digne d'attention ; mais je n'ai pas bien clairement compris, sur ce point, le système de la pétition. Je crois me souvenir que dans le discours qui a échappé à M. Tourangin, M. Taillefer avait proposé nettement que l'électeur fût tenu d'écrire lui-même son bulletin dans la salle du vote, afin de faire en même temps preuve d'instruction et de liberté. Mais nous imiterons, pour le moment, le Sénat sur ces questions délicates, qu'il n'a point voulu discuter, et nous passerons à l'ordre du jour.

Avez-vous été jusqu'au bout de cette longue séance, monsieur le rédacteur? Avez-vous lu la pétition de M. Billot (d'Arles), qui se plaint qu'on ait affiché illégalement le discours du prince Napoléon. Deux choses vous auront frappé comme moi dans cette discussion : la théorie du rapporteur M. Mimerel, sur les droits du Sénat, et les mystérieuses paroles de M. de Boissy.

Rendons d'abord justice à M. Mimerel. Il a rappelé très-à-propos le droit conféré au Sénat par l'article 29 de la Constitution : « *maintenir* ou *annuler* tous les actes qui lui sont déférés

comme inconstitutionnels, » et il en a conclu
avec raison que, de toute façon, il n'y aurait rien
eu à *maintenir* ou à *annuler* dans une violation
accomplie de la loi sur la presse. Il n'y a donc
point de recours au Sénat, lorsqu'il n'y a point un
acte (décret ou arrêté) à maintenir ou à annuler.
Si, par impossible, on arrêtait un citoyen illégalement, en vertu d'un arrêté ministériel, et que du
fond de sa prison il s'adressât au Sénat, le Sénat
pourrait annuler l'arrêté et lui rendre sa liberté;
mais si on l'a relâché avant cette intervention du
Sénat, le Sénat peut-il revenir sur l'acte inconstitutionnel du ministre qui lui serait déféré par
voie de pétition? Nullement : il n'y a plus rien à
maintenir ou à *annuler*, et si l'on revenait sur le
passé, les ministres seraient responsables devant
le Sénat, tandis que la Constitution a voulu qu'ils
fussent seulement responsables devant l'Empereur.
Il est donc entendu que l'illégalité qu'on défère au
Sénat doit être consommée par un acte administratif dont il puisse être saisi et, en outre,
qu'elle doit subsister encore au moment où le
Sénat statue sur la plainte; autrement, le Sénat

n'a plus rien à y voir, et là où l'illégalité est terminée, le Sénat perd ses droits. Vous jugerez comme moi, monsieur le rédacteur, que ces détails ne sont pas inutiles à ce grand nombre de citoyens qui s'imaginent que toutes les Assemblées se ressemblent et que le Sénat, saisi d'une pétition, est dans la situation de l'ancienne Chambre des députés, où le ministre compétent devait s'expliquer, sous sa responsabilité, sur les griefs présents ou passés du pétitionnaire.

Revenons-en à M. de Boissy, et permettez-moi, monsieur le rédacteur, de vous demander si vous avez compris quelque chose à son mystérieux langage. Pour moi, je ne respire plus, depuis que j'ai lu ce passage énigmatique de son discours. Quel est, au nom du ciel, ce *grand malheur*, quels sont ces *immenses embarras* qu'il ose à peine indiquer et que j'ignore? J'interroge là-dessus tout le monde, et je ne trouve personne en état de me répondre.

Je lis depuis deux jours (je ferais mieux de dire jour et nuit, tant j'ai peine à quitter le livre), un roman anglais de M. Wilkie Collins,

appelé *The Woman in white*, de l'intérêt le
plus entraînant, et qui roule tout entier sur un
formidable secret, poursuivi de page en page
et échappant toujours. C'est le *secret* de sir
Percival Glyde; à chaque instant on croit l'atteindre et le cœur vous bat, mais il recule
encore et l'on court à sa suite. Mais ce secret, on est du moins bien sûr de l'apprendre,
et moi-même, qui ai mis le livre de côté pour
vous écrire, et qui me fais une fête de le reprendre dans un instant, je le saurai. Mour-
rai-je donc sans savoir le secret de M. de
Boissy?

XVI

Quel est l'intérêt français dans la guerre civile des États-Unis. — Convention
sur la pêche maritime. — Convention sur l'exportation des chiffons. — Une
commission dans l'embarras.

12 mai 1861.

Monsieur,

Aux premiers jours de la guerre de Crimée, je
me souviens d'avoir vu un de mes amis attacher
au mur de son cabinet, non pas une de ces cartes
de la Turquie d'Europe et de la mer Noire qu'on
rencontrait alors partout, mais une belle mappe-
monde où tous les coins et recoins de notre petite
planète étaient fidèlement indiqués. — « Pourquoi cette grande carte? lui dis-je. » — « C'est

13

pour suivre la guerre, » me répondit-il du ton le
plus résigné. « J'entends tellement parler de la
paix perpétuelle et du retour de l'âge d'or depuis
quelque temps, que nous allons, je le crains fort,
nous égorger d'un bout à l'autre du monde pendant une dizaine d'années. Cet affreux spectacle
m'intéresse, et j'aime mieux le suivre sur une
seule carte que d'en changer tous les jours. » —
« Vous calomniez notre espèce, lui dis-je. Voilà
du moins une bonne partie de votre carte qui ne
vous servira à rien, » et je montrais du doigt les
États-Unis. Il se contenta de sourire, laissant à
l'avenir le soin de me répondre.

La réponse est venue, et après l'Inde, la Chine,
la Sicile, l'Italie, la voilà à son tour ensanglantée,
cette florissante république, inaccessible en apparence au despotisme et à la guerre, et habituée à
regarder avec tant de dédain les maux de notre
vieille Europe. La reverrons-nous jamais telle
qu'elle était naguère? Qui le sait? Mais on commence déjà à prendre son parti de cette grande
ruine, et après avoir convenablement payé le tri-
but de sympathies que nul n'osait refuser à cette

immense infortune, chaque État s'est dit :
« Qu'ai-je à perdre ou à gagner à ce changement? »

Le compte de la France est bientôt fait, monsieur le rédacteur. Si ce changement s'accomplit
et se consolide, nous y aurons peu gagné et beaucoup perdu. Qu'est-ce pour nous que le droit
d'importer plus aisément nos produits dans la
confédération du Sud à côté de la disparition de
cette grande puissance essentiellement pacifique et
libérale, intéressée surtout à la liberté des mers,
et capable en tout temps de nous aider à la maintenir? Le compte de l'Angleterre n'est pas plus
long, mais la conclusion en est bien différente.
Une fois cette pénible crise passée, si l'on suppose
que les deux confédérations, incapables de se détruire, se résignent enfin à subsister côte à côte,
une riche moisson se lèvera pour l'Angleterre sur
cet amas de ruines. Au lieu de cette puissance inquiète et orgueilleuse dont elle ne peut se passer,
et qui le lui fait parfois si durement sentir, elle
aurait de l'autre côté de l'Atlantique deux États
dont l'un serait incapable de nuire, tandis que

désormais l'autre ne pourrait vivre qu'en la servant. Elle laisserait la république du Nord dans son isolement stérile, et prendrait directement son coton dans les ports de la république du Sud, en échange des produits de ses manufactures dont le Sud ne pourrait jamais se passer. Ce vaste État purement agricole, sans marine, sans industrie, prêt à échanger directement son coton contre les produits de l'Europe, l'Angleterre n'aurait pas osé le rêver tel qu'il peut sortir tout établi de cette affreuse guerre civile.

Ajoutons à l'honneur de l'Angleterre qu'elle n'eût pas levé la main ni prononcé une parole pour amener un événement qui peut devenir si profitable à sa grandeur. Il y a chez nos voisins plus de justice et de moralité politique qu'on n'affecte souvent de le croire ; ils ont vu tout d'abord cette guerre civile avec horreur et la cause du Sud sans sympathie. Mais si la lutte se prolonge, l'instinct clairvoyant de leurs intérêts et leurs pressantes nécessités influeront bientôt sur leur conduite. N'avez-vous pas déjà entendu, monsieur le rédacteur, lord John Russell rapprocher au

point de vue du droit des gens l'insurrection du
Sud de l'insurrection de la Grèce, afin de pouvoir
sans scandale, reconnaître à la confédération du
Sud les droits attribués à toute puissance bel-
ligérante. Or, le plus important de ces droits, celui
dont le Sud est naturellement le plus intéressé et
le plus ardent à faire usage, c'est le droit de délivrer des lettres de marque à des armateurs de tout
pays, et de déchaîner sur le commerce maritime
des États du Nord tous les aventuriers de l'univers.
Il y a déjà de ces lettres de marque à Londres.
L'Angleterre n'aime point les corsaires, et elle a
demandé leur suppression universelle au Congrès
de Paris; mais les corsaires qui voudraient en
ce moment inquiéter le commerce des États du
Nord, rendraient à l'Angleterre, tout indignée
qu'elle fût, un très-grand service. Vous devi-
nez lequel, monsieur le rédacteur. Ce serait de troubler puissamment la Confédération du
Nord dans ce projet de blocus effectif des ports
du Sud qui empêcherait le départ de tout coton
destiné à l'Angleterre. Si la marine, déjà réduite,
des États du Nord est assez forte pour bloquer ef-

fectivement les ports du Sud, on ne la croit pas assez forte pour suffire à la fois au blocus de ces ports et à la protection du commerce américain. Débloquer d'avance les ports du Sud et rendre libre la récolte de coton qu'attend l'Angleterre sans prendre part à la querelle, voilà le problème. Que fallait-il pour le résoudre ? Un seul mot, et lord John Russell l'a prononcé : reconnaître aux États du Sud tous les droits des belligérants.

Si j'insiste sur ce point dont quelques-uns de vos lecteurs pourront ne pas saisir toute l'importance, monsieur le rédacteur, c'est qu'il faut voir dans cette parole de lord John Russell le premier pas de la politique anglaise dans cette question redoutable ; et si le conflit se prolonge, vous verrez cette politique préoccupée de plus en plus et bientôt exclusivement du maintien de la culture du coton dans les États du Sud et de la liberté des communications directes entre les États du Sud et l'Angleterre.

Mais, bien que déchirée, l'Union américaine n'est pas encore détruite, et l'enthousiasme inattendu des États du Nord, doit au moins en reculer la chute. Rien n'est plus touchant, monsieur le rédacteur, que les fidèles peintures qui nous arrivent de ce pays. L'énergie tardive, mais héroïque, des États du Nord, le départ enthousiaste de ces régiments de la milice qui emportent la fleur de la jeunesse de chaque cité, les larmes et les bénédictions qui les accompagnent, la confusion de tous les partis et de tous les rangs, dans un effort désespéré pour sauver le pays, l'offre de toutes les fortunes, le sacrifice de toutes les existences, ces hommes que vient chercher au sein de leur famille, dans leur lit, la dépêche du président, et qui le matin même s'en vont le fusil sur l'épaule, ces pêcheurs déjà en mer qu'on rappelle, qui laissent là leurs filets et partent vers le Sud, ces juges, ces avocats, ces marchands, qui se confient les uns aux autres leurs affaires, leurs familles pour courir au drapeau, cette sainte ivresse d'une nation menacée le même jour dans sa grandeur et dans son existence, ne peut guère être comparée, à ce qu'on assure, qu'au transport de la France se levant en 1792, pour courir à ses frontières.

Celui qui décrit ce grand spectacle ne s'y atten-
dait guère. « Les hommes publics de ce pays sont
« si démoralisés, dit-il, que je ne pouvais suppo-
« ser que le cœur de ce peuple battît si fort pour
« son drapeau. » Le Sud se plaint d'avoir été
trompé; oui, il a été lamentablement trompé, mais
c'est sur l'état moral du Nord. Et, qui n'y aurait
été trompé? Ce grand mouvement a pris tout le
monde par surprise. Ceux qu'il entraîne et qu'il
enivre ne se croyaient pas capables d'une émotion
si profonde; c'est seulement quand la patrie s'est
dérobée sous leurs pas, qu'ils ont senti combien
ils l'aimaient. Certes, toute guerre civile est affreuse; mais cette armée d'hommes libres, sortant
du sol au jour du péril et prête à tout, a une triste
grandeur dont le cœur le plus froid se sent ému.

Verrons-nous la confédération autrichienne,
pour l'appeler par son nom, nous offrir un tel
spectacle, lorsqu'il faudra se lever pour retenir la
Hongrie, toujours déterminée à sortir de l'empire.
Il y a longtemps, monsieur le rédacteur, que je
vous ai dit mon sentiment sur la sage et courageuse conduite de ceux qui tentent aujourd'hui de

transformer l'Autriche pour la sauver. Là, comme partout, la liberté a été le grand remède ; un Parlement libre est l'endroit du monde où il est le plus difficile d'oser soutenir un intérêt particulier contre l'intérêt général. On ne peut s'y présenter, en aucun pays, qu'avec une politique avouable. Or, nul n'aura le courage de venir dans le Parlement autrichien demander à son profit la dissolution de l'empire. Aussi aime-t-on mieux n'y point paraître, afin de laisser croire qu'on a quelque chose de mieux à demander. Supposez que ce Parlement, si considérable par les contrées que représente une Chambre, et par les grands noms qui brillent dans l'autre, supposez que ce Parlement n'existe pas, et l'Empereur se trouve seul, comme il l'était naguère, en présence de ces provinces qui veulent sortir de la patrie commune. Quoi de plus commode pour ces provinces que d'être en face d'un seul homme et que de se plaindre de sa tyrannie ? Tout est changé depuis qu'un Parlement siége à Vienne. Il ne s'agit plus pour la Hongrie de se quereller avec l'Empereur, il faut compter avec l'empire et avec un empire qui, loin

13.

de vous opprimer, vous laisse vos assemblées, vos lois, votre langue, et vous demande simplement de ne pas attenter à son existence.

Mais par un juste retour des choses humaines, voici la Hongrie qui trouve dans son propre sein une Hongrie rebelle ; la diète de Pesth aura des places vides, tout comme la diète de Vienne : la Croatie refuse d'y venir. La Croatie veut donc avoir sa propre diète souveraine ; mais là aussi il y aura des places vides, et la Dalmatie s'écrie qu'on l'opprime, si on la prie de siéger dans cette assemblée. Quand nous serons à dix, monsieur le rédacteur, nous ferons une croix. Il me semble voir la superbe Versailles refusant d'envoyer des députés à Paris, mais se plaignant de l'absence séditieuse de Jouy-en-Josas, qui refuse à son tour d'envoyer des députés à Versailles.

Que fait cependant notre Parlement pendant que celui de Vienne prend vaillamment en main les affaires publiques ? Le Sénat n'est pas resté oisif, monsieur le rédacteur, et un nombre considérable de citoyens consciencieux paraissent décidés à ne point le laisser s'endormir. Aussi commence-

t-il à s'émouvoir de ce flot de pétitions qui n'é-
taient pourtant que la moindre partie du travail
de nos anciennes Chambres, et M. de Royer, à
propos de la pétition de Syric, s'est demandé si
la Constitution avait prévu qu'on pût adresser au
Sénat des pétitions revêtues d'un si grand nombre de signatures. Nous ne pensons pas que cela
soit défendu, mais nous ne connaissons pas non
plus de lois qui autorisent ce genre de pétitions,
et nous ne connaissons que trop cette maxime,
chère aux jurisconsultes français et entrée profondément dans nos mœurs : « Tout ce qui n'est
pas expressément permis par une loi est défendu. »
Il est pourtant une pétition que le Sénat a reçue
avec une extrême faveur et qu'il a volontiers re-
commandée à l'attention du gouvernement. C'est
la pétition relative aux abords du Luxembourg.
Le Sénat a combattu ce jour-là *pro aris et focis*, et
quelle que soit l'issue du conflit, il aura mérité la
victoire. On a tout invoqué dans cette discussion
contre le projet de la ville de Paris, et peut s'en
est fallu que la Constitution même parût intéressée dans l'affaire.

Ce qui m'a intéressé bien davantage, je l'avoue, monsieur le rédacteur, dans les séances du Sénat, c'est le rapport si important et si clair de l'amiral Romain Desfossés sur la pétition des pêcheurs de plusieurs de nos ports, relative à une convention supplémentaire au traité de commerce conclu avec l'Angleterre. Cette convention a réduit tout à coup de 48 fr, à 10 fr. par 100 kil. le droit prélevé sur le poisson apporté par les pêcheurs étrangers dans nos ports. Cette convention a été conclue postérieurement au traité de commerce, sans que les intéressés en aient eu préalablement connaissance.

La commission du Sénat, d'accord avec les pétitionnaires, demande que cette convention soit modifiée, et l'amiral Romain - Desfossés appuie cette demande par des raisons auxquelles j'attends impatiemment qu'on fasse une bonne réponse. Si l'on veut abolir l'inscription maritime qui est le seul fondement de notre marine, l'abolition du privilège dont jouissent nos pêcheurs peut s'ensuivre. Mais est-il juste de maintenir sur leur tête les charges de l'inscription maritime en leur retirant le privilége qui en est l'unique compensation? Dans l'état actuel des choses, quiconque pratique la pêche appartient à 'l'inscription maritime, et il faut appartenir à l'inscription maritime pour avoir le droit de pêcher. La convention du 16 novembre accorde donc aux étrangers un droit qu'elle refuse à tous les Français qui ne supportent pas les charges de l'inscription maritime. Or, que pourrait répondre l'État au Français non inscrit qui réclamerait le droit de pêcher et de vendre sa pêche en acquittant, comme les Anglais, le droit de 10 fr. par 100 kilogrammes? Bien plus, que répondre aux marins français qui réclameraient leur radiation des matricules de l'inscription maritime et qui voudraient conserver le droit de pêcher aux mêmes conditions que l'étranger? C'est samedi, monsieur le rédacteur, c'est-à-dire au moment même où paraîtra votre journal, que sera discutée cette question, une des plus importantes, j'ose le dire, qui ait encore occupé le Sénat.

Quant au Corps législatif, il est fort occupé, du moins on nous l'assure; mais c'est loin des yeux

du public et dans la laborieuse retraite de ses commissions. Lorsque nous songeons, monsieur le rédacteur, que la Chambre des communes a au
moins autant de commissions que notre Corps législatif et que ce travail multiple n'empêche pas
la Chambre des communes de siéger presque tous
les soirs et de remplir la presse des discussions
les plus importantes, nous ne pouvons nous empêcher de nous attendre à voir sortir quelque résultat prodigieux de ces commissions qui absorbent en silence toute l'activité de notre Parlement.
Le silence et le recueillement annoncent en général l'éclosion des grandes choses. La Russie s'est
recueillie, dit-on, après la guerre de Crimée et il
en est sorti l'affranchissement des serfs, accompagné, hélas! de l'oppression plus dure de la Pologne.
L'Autriche s'est recueillie après Solferino, et il en
est sorti un vrai Parlement siégeant à Vienne avec
le droit d'interpellation, d'initiative et d'amendement. Le Corps législatif se recueille à son tour, et
l'on respire à peine en attendant ce qui en sortira.

P. S. Hélas, monsieur le rédacteur, voilà une

de ces commissions qui devient superflue et dont
la tâche a été simplifiée de la façon la plus singulière. Vous savez que l'exportation des chiffons
est pour la papeterie française une grande affaire.
Jusqu'à présent, cette exportation était prohibée.
Ce point a été omis dans le traité avec l'Angleterre
et je me souviens que le Parlement de nos voisins
a retenti de plus d'une plainte sur une omission si
préjudiciable aux fabricants anglais. Le gouvernement s'est donc décidé à présenter au Corps législatif un projet de loi qui substitue un droit de 12 fr.
à la prohibition pour l'exportation des chiffons.
Une commission était saisie de ce projet de loi et le
discutait de son mieux avec le Conseil d'État. Elle
demandait 30 fr. ; le Conseil d'État proposait 18 fr.
Pendant ce temps-là, le gouvernement conclut avec
la Belgique un traité qui permet l'exportation des
chiffons avec un droit de 12 fr. et comme le traité
avec l'Angletere assure à nos voisins le traitement
de la nation la plus favorisée, voilà ce droit de 12 fr.
applicable à l'Angleterre. Vous avez vu, monsieur
le rédacteur, si vous lisez le *Moniteur*, que la
commission n'a pas moins été surprise que les

pêcheurs qui en appelaient au Sénat, et sa surprise
ne paraît guère plus agréable. De plus, voilà cette
commission sans ouvrage. Les pêcheurs iront à la
pêche comme devant et feront de leur mieux concurrence aux Anglais ; mais cette commission qui
voit apparaître comme un fait accompli, sous forme
de traité, ce qu'elle discutait comme un projet de
loi, que fera-t-elle?

XVII

Un rêve de malade. — Un faux Moniteur, un faux M. de Persigny. — Effet
merveilleux du vote du Sénat sur la pêche maritime.

26 mai 1861.

Monsieur,

Je vous écris de mon lit, et, en ma qualité de
convalescent, je réclame le droit de vous raconter
un de mes rêves. Rêve de journaliste qui a la fièvre, car je m'imaginais lire un journal, et ce n'é-
tait rien moins que le *Moniteur*. Je croyais donc
voir se détacher de ses longues colonnes quelques
phrases singulières, qui me remplissaient d'étonnement et que je m'épuisais à comprendre. Etait-
ce un manifeste, un décret, une circulaire, une

proclamation? Je ne saurais trop vous le dire. Toujours est-il qu'on y parlait encore de cette fameuse brochure que je n'ai point lue (puisque c'était défendu), mais qu'on semble prendre à tâche de nous rappeler sans cesse, de peur qu'on ne l'oublie. Le *Moniteur* s'élevait de nouveau contre l'audace et la perfidie de cette publication, car l'auteur, disait-il, « est protégé, lui et les « siens, par la saisie judiciaire elle-même, contre « toute réponse et toute récrimination. » C'est ici que je commençai à sentir que je rêvais, car le *Moniteur* ne peut dire autre chose que la vérité, et la vérité, c'est qu'on n'a jamais vu brochure saisie accablée de tant de réponses. Il y en avait de jaunes, il y en avait de bleues, il y en avait de vertes, il y en avait de toutes les couleurs; il y en avait même qui, afin de se mieux vendre, s'appelaient hardiment la *Brochure du duc d'Aumale*, ce qui a dû tromper plus d'un habitant de Martinval, ceux qui entrent dans Paris par la barrière d'Enfer. Le Tasse avait moins de peine à faire le compte de l'armée de Godefroid de Bouillon qu'on n'en aurait eu à dénombrer la brillante armée de ces brochures.

Elles marchaient toutes au combat, prêtes à mourir pour leur cause, et le plus souvent, dédaigneuses de la gloire au point de garder l'anonyme.

Je m'imaginais pourtant continuer ma lecture, et j'arrivai bientôt à un autre passage où l'on déclarait vaine l'espérance de ceux qui voudraient « pénétrer à travers les fissures de la loi, jusqu'au « cœur des institutions. » Eh ! quoi ! me disais-je en rêvant, il y a des gens si méchants que cela ! il y a des gens qui cherchent les fissures de nos lois, non point pour les signaler au gouvernement, mais pour s'y introduire et arriver ainsi, Dieu sait où ! A coup sûr, on va proposer quelque loi nouvelle, pour boucher ces fissures, car les lois ne peuvent être amendées que par des lois, sous le régime de légalité qui nous gouverne. Jugez de ma surprise, monsieur le rédacteur, lorsqu'en ma lecture imaginaire, j'arrivai à ce passage : « Je vous invite « donc à surveiller avec soin toutes les tentatives « de publication qui seraient faites au nom des « personnes bannies ou exilées du territoire. De « quelque nature que puissent être ces publications,

« sous quelque forme qu'elles se produisent, livres,
« journaux, brochures, vous devez procéder sur-
« le-champ à une saisie administrative... » A ces
mots, je ne pus m'empêcher de sourire, dans mon
sommeil. Voilà bien les rêves d'un écrivain de l'opposition, me disais-je. Où ai-je été prendre cette
expression singulière de *saisie administrative*, et
quel grief suis-je en train de me forger contre le
pouvoir? *Saisie administrative*, cela peut-il jamais
exister, et si cela existait, pourquoi n'y aurait-il
point des arrestations *administratives*, des déten-
tions *administratives* et, pour aller jusqu'au bout,
des exécutions *administratives*, auxquelles la justice et le jury n'auraient rien à voir?

J'en étais là de mes rêveries et de ma fièvre, et
ce pénible sommeil aurait pu durer longtemps encore, lorsque le nom de M. de Persigny me parut
attaché au bas du document fantastique qui me
tourmentait depuis un quart d'heure. Pour le coup,
cela est trop fort, m'écriai-je, et jamais on ne vit
de rêve plus incohérent que celui-là. Que peut
avoir à faire ici le nom du restaurateur de nos libertés, de l'élève enthousiaste de l'Angleterre? Lui

qui doit supporter à peine, au sortir de cette libérale école, cette hérésie toute française d'une *juridiction administrative* , statuant au civil entre l'État et les citoyens, pourrait-il souffrir l'idée d'étendre au criminel cette juridiction abusive, et de lui livrer jusqu'à cette liberté des brochures, que M. Troplong a jadis célébrée comme un des traits particuliers et comme une des gloires de nos institutions? Cela me parut impossible et je m'éveillai aussitôt, comme il arrive toujours lorsqu'on sent trop clairement que l'on rêve.

Depuis ce jour-là, monsieur le rédacteur, je n'ai point lu de journaux, et je me prépare une douce surprise pour le moment où je me mettrai d'un seul coup au courant de tout ce qui s'est passé dans le monde. Qui sait si, au lieu de ce que j'ai cru follement lire dans le *Moniteur*, je n'y trouverai point quelque projet de loi pour établir et organiser la responsabilité ministérielle; ou bien une lettre de M. de Persigny, demandant à l'Empereur le droit d'aller défendre lui-même son budget et sa politique à la Chambre; ou bien un projet de loi effaçant l'article 75 de la constitution de

l'an VIII, et établissant enfin l'égalité devant la loi
entre les fonctionnaires français et les simples mor-
tels ; ou bien encore un projet de loi qui rendrait
la presse au jury; ou bien un autre projet de loi qui
tempérerait, par l'*habeas corpus*, les abus de la
détention préventive et organiserait, comme en
Angleterre, la publicité de l'instruction ; ou enfin
la promulgation d'un article additionnel au traité
de commerce avec l'Angleterre, pour le modifier
dans l'intérêt de nos pêcheurs et selon le vœu du
Sénat.

Hélas! monsieur le rédacteur, ma plume a glissé
en écrivant ces dernières lignes, car nous n'avons
rien à espérer de semblable, et je sais là-dessus à
quoi m'en tenir. Il n'y a, en effet, pas plus de trois
jours que je célébrais, devant un Anglais de mes
amis, la discussion et le vote du Sénat. « Certes, lui
« disais-je, les amiraux n'ont pas épuisé la question;
« ils ont laissé démesurément grossir le chiffre des
« hommes disponibles de l'inscription maritime,
« c'est entre vingt et quarante ans, et guère au
« delà, qu'on peut dans la pratique y assujettir les
« populations; ils n'ont pas déduit de ce chiffre le

« nombre considérable des inscrits qu'on emploie
« comme ouvriers dans nos établissements mari-
« times, et qui ne comptent plus pour la flotte ;
« enfin, ils n'ont pas fait remarquer qu'en temps de
« guerre, bon nombre des inscrits employés par le
« commerce, évitent de se rapatrier et préfèrent
« naviguer jusqu'à la paix, sous pavillon neutre,
« tandis que les inscrits de la pêche sont toujours là,
« faciles à prendre et bons à garder ; ils n'ont pas
« dit tout cela et bien autre chose, mais ils n'en ont
« pas moins noblement défendu leur pavillon, et
« nul doute que le vote du Sénat, emporté par leurs
« discours, n'ait un bon résultat pour le pays... »

Je parlerais encore si mon paisible auditeur
n'eût tiré de sa poche un numéro du *Times* et
ne l'eût mis en souriant sous mes yeux. Je lus
donc dans la séance de la Chambre des communes,
du jeudi 16 de ce mois, la conversation suivante :

« Sir H. Stracey adresse au chancelier de l'Échiquier une question de la plus haute importance,
pour les électeurs qu'il représente à la Chambre.
Il y a eu un vote, après débats, dans le Sénat
français, sur la clause du traité de commerce rela-

tive à l'importation du poisson. L'honorable membre prie le chancelier d'assurer la Chambre qu'il
fera tous ses efforts pour assurer la stricte exécution de cette clause; car, autrement, la conduite
du gouvernement français serait répréhensible et
pourrait être taxée de mauvaise foi.

« Le chancelier de l'Échiquier. — J'apprécie
l'anxiété de l'honorable membre, sur une question qui intéresse si fort ses constituants. Le gouvernement de S. M. n'a reçu aucun avis officiel
sur le sujet des délibérations du Sénat français,
et nous ne supposons pas qu'il y ait, de la part
du gouvernement français, la plus légère (*slightest*)
intention de manquer de parole. Il serait injuste
de l'appréhender. Il n'y a, non plus, aucune raison de supposer qu'il existe de sa part aucune
intention de demander au gouvernement anglais
quelque relâchement sur cette partie du traité. »

« Voilà donc le fruit de toute votre élo-
« quence, » dit tranquillement mon ami, en ré-
mettant le *Times* dans sa poche. « Vous ou-
« bliez sans cesse, ajouta-t-il paternellement, la
« différence des deux nations, et c'est ce qui vous

« entraîne dans une foule d'erreurs. Chez nous, les
« traités de commerce se votent comme des lois, et
« la reine s'engage simplement, par les traités de
« ce genre, à présenter au Parlement telle ou telle
« mesure. Chez vous, ils se promulguent tout sim-
« plement par des décrets et vont directement du
« cabinet où on les signe, chez le douanier qui les
« applique. Chez nous, ils peuvent donc donner lieu
« à des discussions en temps utile, et chez vous, à
« des pétitions après qu'ils sont irrévocables. Pour
« nous, en Angleterre, nous avons une antipathie
« que vous autres, Français, ne pouvez vous figu-
« rer, pour les discussions rétrospectives. Nous
« sommes des gens pratiques et nous sommes prêts
« à discuter tout ce qu'on veut, fût-ce la forme
« d'une épingle, pourvu qu'il en soit encore temps,
« et que notre vote décide de la chose. Oui, vous
« avez beau sourire, nous discuterions, sans nous
« fâcher, la sauce à laquelle il faut mettre le turbot
« de la reine, mais nous serions dans une étrange
« colère, si on nous disait, au moment de voter, que
« le turbot est mangé, et qu'il n'en reste plus que
« les arêtes. Voilà comme nous sommes, de l'autre

« côté de l'eau, et vous ne réussirez jamais à nous
« bien comprendre. Voulez-vous que je vous dise,
« d'un seul mot, d'où vient cette profonde diffé-
« rence : c'est que nous tenons avant toute chose à
« être les maîtres chez nous, et que vous tenez,
« avant toute chose, à être ou à paraître les maîtres
« du monde. »

Mon ami me vit attristé de ce discours et,
comme c'est un homme aimable et excellent, il
voulut m'égayer un peu et me lut un extrait de la
Gazette de Pékin, qui raconte la dernière guerre.
On y expose au bon peuple chinois, que les ambassadeurs alliés étant accompagnés d'une suite
très-nombreuse, il y a eu quelques malentendus
et quelques rixes entre eux et l'armée impériale ;
mais la sagesse du gouvernement a tout terminé
pour le mieux. — Comment appelez-vous cette
façon d'écrire l'histoire ? me dit-il en riant. —
Cela se définit d'un seul mot, lui répondis-je,
c'est de l'histoire administrative. Après tout, l'on
n'a guère le cœur de rire de ces pauvres gens,
lorsqu'on songe où les a conduits ce triste genre
de littérature.

XVIII

Saisies administratives et exécutions administratives. — Sur le pouvoir des préfets de suspendre le traitement des curés. — Ce n'est qu'un prêtre. — Le secret de M. Cobden.

9 juin 1861.

Monsieur,

Avec un seul débris d'un animal inconnu, Cuvier arrivait à reconstruire, à l'aide d'une induction rigoureuse, l'animal tout entier. Voilà la méthode que j'aurais dû suivre dans ma dernière lettre, et au lieu de vous dire, monsieur le rédacteur : « S il y a des *saisies administratives*, pourquoi n'y aurait-il point des exécutions administratives ? » j'aurais dû écrire : « *Puisqu'il y a des*

saisies administratives, *il y a* des exécutions administratives », et j'aurais deviné.

N'allez point croire, cependant, qu'il y ait
des échafauds dressés dans la cour des préfec-
tures, et qu'on y voie monter de temps à autre
des coupables ou des innocents que le jury n'a
point connus. Il y a longtemps que Montluc est
mort, et la douceur de nos mœurs le gênerait
fort si par hasard il pouvait ressusciter. Mais
un interrogatoire subi dans le cabinet d'un préfet,
sur la déposition d'un garde-champêtre ou d'un
gendarme, en l'absence de tout avocat et de tout
public, l'infliction d'une amende relativement considérable, prononcée par un fonctionnaire amovible, en vertu de considérants aussi secrets que
sa procédure, n'est-ce point là ce qu'on a le droit
d'appeler dans toutes les langues du monde une
exécution administrative? Et lorsqu'un curé, accusé de n'avoir point prié pour l'Empereur, ou,
qui pis est, d'avoir mal parlé de lui, est cité non
point devant les tribunaux, mais chez le préfet, et
qu'après une explication donnée et reçue en tête
à tête, il revient dans sa paroisse privé de son

traitement pour cinq mois, a-t-il été, oui ou non, administrativement jugé et puni? Tels sont, monsieur le rédacteur (à s'en tenir aux faits et sans accuser personne), les rapides progrès de notre juridiction administrative, et il n'y a aucune raison pour qu'elle reste en si beau chemin. Elle statue depuis longtemps sur un nombre considérable d'intérêts; elle statue maintenant sur les écrits, la voilà qui commence à juger les personnes; qui peut se flatter d'y échapper?

Et ce qui m'afflige le plus dans cette affaire, monsieur le rédacteur, c'est la parfaite bonne foi de ceux qui y jouent le principal rôle. Il est aisé de voir dans le langage sincère du ministre des cultes qu'il croit rendre un véritable service au clergé et lui montrer une bienveillance particulière en substituant la juridiction des préfets à celle des tribunaux correctionnels pour la répression de certains délits. « Après tout, peut se dire le ministre, que je renvoie l'inculpé devant le tribunal ou devant le préfet, au point de vue pratique la différence n'est pas grande; mais le tribunal est tenu d'appliquer des peines assez dures,

14.

tandis que dans les sentences du préfet, l'esprit de discernement de l'administration et sa douceur naturelle peuvent se donner carrière. » Ce raisonnement peut abuser un honnête homme, s'il est d'ailleurs pénétré des idées fausses qui ont cours dans notre pays sur la situation relative des gouvernants et des gouvernés. Qui n'a entendu quelquefois sortir de la bouche des hommes les plus raisonnables cette expression absurde et dangereuse de gouvernement *paternel*? Une fois l'expression admise avec le cortége d'images qu'elle entraîne et auxquelles l'esprit s'habitue sans trop de peine, tout l'ordre légal est renversé et toute liberté devient impossible. Patriarche vénérable et sans doute inspiré d'en haut, siégeant au milieu de sa jeune famille, le pouvoir nous distribue le conseil, l'éloge et le blâme; il sait mieux que nous ce qu'il nous faut; il nous corrige avec discernement par des moyens appropriés à notre nature et promène sa main sur nos têtes, tantôt lourde et tantôt légère, selon nos forces et selon les circonstances. Rien de mieux, monsieur le rédacteur; mais il me semble entendre encore je ne sais quel

personnage de comédie disant avec émotion à sa
fille le jour de son mariage ; « Je suis ta mère;
ton père est ton père, et tu es notre enfant. »
Parole naïve en apparence, mais d'un sens profond si vous l'appliquez à ces théories trop bien-
veillantes dont je vous parlais tout à l'heure. Si,
en effet, le gouvernement est notre père, ne
sommes-nous pas ses enfants et par conséquent
des enfants? Soyez-en bien persuadé, monsieur le
rédacteur, un gouvernement paternel c'est l'éternelle enfance des citoyens.

Si cependant quelques personnes pouvaient encore douter de l'importance et des heureux résultats du droit de pétition après la lecture de l'intéressant travail que M. Laboulaye a publié sur ce
sujet dans la *Revue nationale*, le discours du cardinal Mathieu et la réponse de M. Rouland suffi-
raient, je l'espère, à secouer leur indifférence.
Quel spectacle plus utile et plus propre à nous
faire concevoir quelques espérances que d'entendre
un prince de l'Église réclamer l'égalité devant la
loi et préférer hautement la justice sévère, mais
publique et égale pour tous de nos tribunaux cor-

reçtionnels, à la juridiction souvent indulgente, mais après tout arbitraire, secrète et sans appel de l'administration? J'ai donc lu avec plaisir le discours du cardinal Mathieu; en revanche, je n'ai pu lire sans indignation le prétendu récit de cette séance dans nos prétendus journaux démocratiques : M. Mathieu, disent-ils hardiment, a demandé le *retour de l'ancien régime*, pourquoi n'ajoutent-ils point qu'il a demandé le rétablissement de la dîme, de la corvée ou du droit du seigneur? Ces honnêtes gens se contentent de le faire entendre. Au fond, voir juger un prêtre entre quatre murs par un préfet

Chatouille de leur cœur l'orgueilleuse faiblesse,

et ils oublient qu'ils s'indignaient naguère qu'un général, un préfet et un procureur-général, réunis dans une chambre, eussent le droit d'interner, de bannir ou de transporter toute une catégorie de citoyens. *Ce n'est qu'un prêtre*, disent aujourd'hui nos prétendus démocrates. Hélas! il n'y pas si longtemps qu'on répondait : *Ce n'est qu'un rouge* à leurs trop justes plaintes. Voilà donc, monsieur

le rédacteur, comment nous entendons le libéralisme en France et la touchante sollicitude que
nous inspire le droit d'autrui !

Quant au discours de M. Rouland, il a pour
moi un grand mérite, c'est d'être le discours d'un
ministre responsable d'intention, sinon de fait, et
qui va, de grand cœur, au-devant de sa responsabilité. On ne soutiendra pas, je pense, que c'est
seulement le sénateur qui a parlé, lorsqu'on aura
lu cette vive défense du ministre. Ce jour-là, et
le lendemain surtout, en invitant le cardinal
Mathieu à lire et à discuter sa lettre, M. Rouland
a donné un excellent exemple, et si ses collègues
avaient le courage de le suivre, nous aurions enfin
un cabinet responsable dans une certaine mesure
et une discussion efficace et pratique des actes du
gouvernement.

Mais, si j'étais député, je me sentirais déjà
bien jaloux du Sénat. Lorsqu'on entend discuter,
au Sénat, toutes les questions à l'ordre du jour,
lorsqu'on y voit les ministres défendre en personne leur politique et en accepter la responsabilité, ne semble-t-il pas que le droit d'initiative et

que le libre contrôle du pouvoir se soient envolés du palais Bourbon, pour aller habiter et vivifier le Luxembourg. Nos députés ont pourtant le droit de fixer le budget, me direz-vous; n'est-ce donc rien? Vous allez voir une fière bataille. — Je ne verrai rien du tout, monsieur le rédacteur, et pour cause. C'est dans le sein de la commission du budget, entre la commission et le conseil d'État, que se livre la bataille, et comme le conseil d'État a nécessairement le dernier mot, comme il accepte ou rejette en dernier ressort tous les amendements de la commission, le résultat d'une lutte si inégale ne m'intéresse que médiocrement, moi et le public. Cette fois la commission a demandé *huit millions* de réductions sur le budget; elle a obtenu du conseil d'État une réduction de *sept cent soixante et onze mille, trois cent quarante et un francs.* Il faut croire, monsieur le rédacteur, que ce succès, si modeste qu'il nous semble, a surpassé les espérances de la commission, et qu'en demandant huit millions de réduction, elle comptait obtenir environ sept francs cinquante centimes, car je n'ai jamais vu de rapport plus fier, plus content de tout le monde et de lui-même, que le rapport de cette commission.

Notre Chambre ne peut, à la vérité, sans l'aveu du conseil d'État, retrancher un sou du budget de chaque ministère, mais, en revanche, elle peut d'un seul mot retrancher tout un ministère. Elle n'a qu'un mot à dire, et elle supprime d'un seul coup le traitement du ministre de l'intérieur et celui de tous les préfets, ou celui du ministre de la guerre et celui de tous les officiers. Elle ne peut absolument que cela, mais elle peut cela.

Puisque la Chambre jouit d'un droit si étendu et surtout si pratique, pourquoi n'étendrait-elle pas un peu les nôtres? Pourquoi n'ajouterait-elle pas (si le conseil d'État veut bien y consentir), quelques articles à la loi qui va modifier le décret sur la presse? Demander le jugement par jury à la place des suspensions, avertissements et suppressions de journaux, ce serait bien ambitieux, quoiqu'un gouvernement sûr et fier de sa popularité n'ait aucune raison plausible à opposer à cette demande; mais si l'on réclamait modestement la publicité pour les procès de presse, n'aurait-on aucune chance de

l'obtenir? Cette publicité conforme à l'esprit de nos
lois et à la justice naturelle, serait une garantie
précieuse pour les écrivains, et empêcherait même
le soupçon d'atteindre l'impartialité de la magistrature. On jouit de ce genre de publicité dans le
royaume de Naples, et l'on peut dire que c'est grâce
à la France, car, sans la France, l'Italie n'aurait pas
marché si vite. Aujourd'hui, les écrivains français
qui ont écrit un *mauvais* article ou une *mauvaise*
brochure, sont à peu près jugés comme les prêtres
qui font un mauvais sermon; il y a trois juges au
lieu d'un préfet et quelques personnes dans la salle,
mais on ne peut publier ce qui s'est passé. Le projet de loi actuel ne porte aucun remède à cet état
de choses. Il supprime, il est vrai, la disposition
déraisonnable qui frappait un journal de mort
pour deux condamnations encourues dans un certain délai, si bien que deux contraventions à la loi
du timbre pouvaient tuer un journal. C'est que
le gouvernement a senti avec le temps combien
il était désagréable qu'un journal fût tué sans
l'aveu de l'administration, et par la seule force
des choses; il y avait des exemples de ces *homici-*

des par imprudence, pour ainsi dire, et l'on avait vu, par le jeu naturel de cet article plus d'un journal docile et dévoué en péril de mort. Voilà ce que la loi nouvelle rendra impossible : désormais les journaux ne pourront plus se tuer tout seuls, et deux contraventions ne pourront plus les tuer; leur vie échappe enfin à tous ces hasards, et par le maintien des autres dispositions du décret de 1852, elle reste entre les mains du gouvernement.

Mais ce projet de loi, tout imparfait qu'il est, a un grand avantage ; c'est qu'il est un *projet de loi* et non pas un *décret*, et qu'il tranche ainsi par le seul fait de son existence, la question importante que la pétition de M. de Montfleury a soumise au Sénat. En effet, le projet de loi sur la presse a pour but de modifier le décret-loi rendu sur cette matière par le Prince-Président pendant l'exercice de sa dictature. Or, si le décret-loi sur la presse ne peut être modifié que par une loi, le décret-loi sur la décentralisation rendu à la même époque et dans les mêmes formes ne pouvait être aussi modifié que par une loi. Donc le décret déféré par M. de Montfleury au Sénat est inconstitutionnel.

Si, au contraire, ce dernier décret est constitutionnel, pourquoi prendre la peine de présenter un
projet de loi pour modifier le décret-loi sur la
presse? Quoi de plus simple que de le modifier
par décret, par ordonnance, par édit, par tout
ce qu'on voudra, en la forme d'un traité de commerce?

J'ai vu jouer dernièrement, monsieur le rédacteur, non par de vrais acteurs, mais par des acteurs
excellents (puisqu'ils jouent comme on cause) une
jolie pièce de M. Octave Feuillet, dans laquelle
une aimable femme se plaignait d'entendre sans
cesse accuser tout son sexe de n'être occupé que
de chiffons. En vérité, le reproche était bien injuste, car aujourd'hui les deux sexes sont également passionnés pour les chiffons, et l'on n'entend
parler que de chiffons des deux côtés de la Manche.
Pour moi, l'épidémie des chiffons m'a gagné, et je
ne puis voir dans un journal anglais le mot *rags*
que je n'aille au bout de l'article. J'ai donc lu, non
sans sourire, un article du *Times*, sur un discours
de M. Cobden, et il n'est pas impossible que ce
qui m'a amusé vous amuse.

Vous savez combien de reproches ont été lancés
à M. Cobden, le jour où les Anglais ont lu dans le
traité de commerce que le papier français pourrait
entrer en Angleterre, sans y lire en même temps
que les chiffons français pourraient sortir de France.
— M. Cobden tint froidement tête à l'orage, et
aujourd'hui seulement que le traité avec la Belgique, applicable à l'Angleterre est signé, il veut
bien se justifier. — Comment se justifie-t-il, monsieur le rédacteur? Il raconte ingénûment que le
gouvernement français lui avait confié, en lui demandant le secret, qu'il avait l'intention de conclure un traité avec la Belgique et d'accorder à la
Belgique l'exportation des chiffons qui deviendrait
aussitôt applicable à l'Angleterre. Si le gouvernement français accordait d'abord cette exportation
à l'Angleterre, elle irait de soi pour la Belgique, et
l'on ne pourrait exiger, en retour, aucun avantage.
Mais, en laissant cette lacune momentanée dans le
traité anglo-français, on avait de quoi négocier
avec la Belgique. « J'ai consenti pleinement à cet
arrangement, dit M. Cobden, et j'ai gardé jusqu'ici
le silence; les journaux qui m'attaquaient si du-

rement naguère étaient donc dans leur tort. » A
quoi le *Times* répond avec beaucoup de sens :
« Nous n'avons eu aucun tort puisque nous igno-
rions votre *secret* et que nous devions vous juger
sur les apparences. Comment deviner que le jour
même où l'on nous refusait l'exportation des
chiffons, il était expressément convenu qu'on
nous l'accorderait par le futur traité avec la Belgique ? »

Que le *Times* se console ! Il n'est point le seul
qui puisse regretter de n'avoir point su le *secret*
si longtemps gardé par M. Cobden. Nos fabricants
de papier n'en savaient pas davantage, et que de
peines, que de travaux, que de sueurs se serait
épargnés (si elle avait deviné ce précieux secret),
la défunte commission de notre Chambre chargée
d'examiner le défunt projet de loi sur l'exportation
des chiffons !

Terminons, monsieur le rédacteur, par une affaire sérieuse. Je lis avec une émotion mêlée d'espoir, les nouvelles qui nous arrivent d'Amérique,
et la victoire du Nord, qui est celle de la civilisation
même, me paraît encore assurée ; mais j'ai été

mortifié de voir plus d'un journal américain exprimer des soupçons sur les intentions de la France et accuser son gouvernement de sympathies secrètes pour le Sud. Que l'Angleterre, tributaire du Sud pour le coton et chatouillée au fond du cœur par les embarras de cette fière et incommode république, paraisse hésiter entre son éloignement pour l'esclavage et sa jalousie contre la grandeur naissante des États-Unis, rien de plus simple. Mais nous, quelle raison au monde pourrions-nous avoir pour souhaiter la destruction de l'Union américaine? Tout nous porte en sens contraire, nos intérêts, nos opinions, nos passions même. Que la presse des États-Unis nous juge mieux et se rassure. Le gouvernement français est neutre et doit rester neutre ; mais le public français est plein de sympathies pour les États du Nord, et le faire incliner vers le Sud est au-dessus de la force d'aucun gouvernement.

P. S. Je rouvre ma lettre, monsieur le rédacteur, pour vous signaler le jugement rendu par la sixième chambre sur les conclusions de l'avocat de M. Mirès. Nous apprenons par ce jugement que la façon dont est traité un accusé dans sa prison, les communications plus ou moins libres qu'il peut avoir avec sa famille, avec ses amis, avec ses défenseurs, la connaissance qu'il peut prendre de ses propres affaires et de l'état de ses moyens de défense, ne sont pas de la compétence du tribunal devant lequel est amené l'accusé, que c'est l'affaire de l'administration ou du parquet et non des juges, et qu'ils n'ont rien à y voir. Je n'attaque point ce jugement, je ne le conteste point ; je le constate. Je ne prétends point qu'il soit contraire à la jurisprudence ; bien loin de là. Mais je dis aussi haut que je puis, et avec le désir d'être entendu aux extrémités de l'Europe : Apprenez que le mot *révolution* n'est point synonyme du mot *liberté*, car nous avons fait quatre ou cinq révolutions dans ce pays et nous en sommes arrivés à cette jurisprudence.

XIX

Reconnaissance du roi d'Italie. — Contradiction perpétuelle entre nos maximes et notre conduite. — Le passé et le présent de l'Autriche. — M. de Broglie devant le juge d'instruction.

23 juin 1861.

Monsieur,

Le royaume d'Italie est reconnu ou va l'être, et nous pouvons nous attendre chaque matin, en ouvrant le *Moniteur*, à y trouver la nouvelle de cette reconnaissance. A quelles conditions la France reconnaît-elle le nouveau royaume? Quelles garanties réclame-t-on de lui? A quel traité le priera-t-on d'apposer sa signature? Il n'est plus question, monsieur le rédacteur, ni de conditions, ni de garanties, ni de traité. La reconnaissance du nouveau royaume sera simplement accompagnée d'une Déclaration réservant, sur divers points, l'opinion et la liberté d'action du gouvernement français.

On déclarera, par exemple, que la reconnaissance du nouveau royaume n'implique pas, de la part de la France, l'approbation des moyens par lesquels il s'est formé; déclaration superflue, car on n'a jamais prétendu que la reconnaissance d'un État fût l'équivalent d'une approbation ou d'un éloge. On déclarera encore que, par cette reconnaissance, on ne devient pas solidaire des entreprises futures de l'Italie, et que si elle attaque l'Autriche, ce sera toujours à ses risques et périls; déclaration non moins superflue que la précédente, car reconnaître un État ce n'est point s'associer à ses aventures, et l'on a déjà nombre de fois averti l'Italie que si elle attaque l'Autriche, elle ne peut compter sur notre secours. On déclarera enfin (et tout est là), que l'on reconnaît l'Italie telle qu'elle est, et par conséquent le pape avec ce qui lui reste, aussi bien que le roi de Piémont avec ce qu'il a gagné, et que l'on continuera d'occuper Rome aussi longtemps qu'on le jugera convenable.

Voilà ce qui remplit déjà quelques Italiens de colère, et je ne puis m'empêcher de les trouver bien irritables. Peu s'en faut qu'ils ne comparent notre conduite à leur égard à celle des Prussiens à l'égard de la France, en 1792, et qu'ils ne nous traitent en envahisseurs de leur territoire. Veuillez considérer, messieurs, que loin d'être les ennemis de votre nationalité, nous en sommes les fondateurs ; que sans notre effort la Lombardie serait autrichienne, que sans notre patience à laisser défaire notre traité de Villafranca, les grands-ducs et le roi de Naples seraient encore debout ; que sans notre empressement à vous reconnaître, vos conquêtes seraient bien incertaines, et l'emprunt qui doit les consolider, impossible.

Et quel sacrifice vous impose-t-on, en échange de tant d'avantages? Pas même un traité, pas même un engagement, pas même une promesse. On vous aurait demandé un traité que vous devriez le signer des deux mains; car on sait ce que valent ces petits morceaux de papier dans le temps

où nous sommes, et en jurant de respecter l'auto-
nomie de Rome, comme on a respecté l'indépendance de Cracovie, ou comme on a déjà sauve-
gardé les droits des archiducs, vous ne preniez
pas un engagement bien lourd. Mais on ne vous
impose pas même ce désagrément, aujourd'hui si
léger, de manquer à votre parole; on ne vous demande pas même la formalité d'un mensonge.
On vous fait cadeau, d'un trait de plume, de Naples,
des duchés, des deux tiers des États du saint-siége,
du droit plus précieux encore d'emprunter de
l'argent à Paris, et l'on accompagne ce cadeau
d'une simple déclaration en face de laquelle vous
ferez vos réserves, et tout sera dit.

Tout sera dit, jusqu'au jour où cessera à votre
profit la situation contradictoire et, par suite,
précaire, dans laquelle on aura laissé l'Italie.
N'était-ce point déjà une contradiction assez forte,
assez difficile à soutenir, que de reconnaître,
comme nous le faisons depuis deux ans, à la volonté populaire, le droit de renverser les souverains et de déchirer les traités en tout lieu...
excepté dans la banlieue de Rome ? Les Napolitains,

les Toscans, les Ombriens ont le droit de s'annexer
à qui bon leur semble; ce droit nous paraît si
sacré, que nous nous exposons à tous les genres
de reproches plutôt que d'en contrarier l'exercice.
Mais ce droit s'évanouit, selon nous, à quelques
lieues du dôme de Saint-Pierre et, sur cette limite
rigoureuse, que personne n'avait découverte avant
nous et qui n'est reconnue par personne, il nous
rencontre tout armés, prêts à lui barrer le chemin.
Voilà, depuis deux ans, la logique de nos maximes
et de notre conduite en Italie. Et cette contradiction injustifiable, nous la sanctionnons, nous la
proclamons comme un état de choses normal et
régulier; par la reconnaissance du royaume d'I-
talie, et par les déclarations qui l'accompagnent,
nous reconnaissons à la fois le pour et le contre,
le suffrage universel et le droit divin, la violation
des traités et le respect des traités, la conquête
des États du pape et l'inviolabilité de ce qui lui
reste, le royaume d'Italie et ce qui empêche qu'il
existe en Italie un royaume. Nous reconnaissons
ce chaos et nous nous y ménageons notre place,
afin de le mieux conserver.

Italiens, ne devinez-vous pas que cela ne peut durer toujours? Ne devinez-vous pas qu'on le sait aussi bien que vous à Paris, et qu'au fond on ne tient pas infiniment à ce que cela dure. Ne voyez-vous pas que plus la contradiction sera palpable, bien établie, bien constatée aux yeux du monde, plus ses jours seront comptés, plus il semblera impossible à tous de faire vivre face à face, enfermés dans la même arène, ces deux principes, ces deux États, ces deux ennemis, dont l'un sera de plus en plus la négation vivante de l'autre? Et ne sentez-vous pas que la perte de l'un des deux est déjà écrite quelque part? Prenez avec joie ce qu'on vous donne (un titre qui est le prospectus indispensable de votre emprunt), et, si vous avez seulement la sagesse de vivre et le courage d'attendre, n'ayez point d'inquiétude. Cette déclaration, qui vous irrite et qui vous trouble, n'est qu'un nouveau traité de Zurich, plus mort-né que le premier.

Et l'Autriche! Comment prononcer son nom à propos de cette affaire sans un léger sourire? Elle y est intéressée, à ce qu'il semble, elle qui a signé avec nous, au pied des murs de Vérone, les bases d'une nouvelle organisation de l'Italie. Où est cette organisation nouvelle? Je cherche des archiducs, un roi de Naples au delà des monts, et je n'y vois plus qu'un roi d'Italie, laissé en tête à tête avec la moitié d'un pape. L'Autriche a vu tout cela comme nous, Monsieur le rédacteur; mais, hors d'état de se fâcher, elle a dû faire semblant de ne rien voir. Elle n'est pas au bout de ses épreuves, et j'ose dire qu'elle touche à la plus amère.

Elle recevra quelque jour (cela est inévitable) quelque éloquente communication de la France, dans laquelle on lui expliquera le chemin qu'on a dû faire pour aller, bien malgré soi, du traité de Zurich à la reconnaissance du royaume d'Italie. La distance est un peu longue, mais les flots, le vent, l'influence même de la lune et des étoiles, tout a poussé de ce côté. On en est donc venu là, et on lui en fait part, et on lui répètera probablement ce qu'on lui a dit l'année dernière en lui transmettant les propositions de l'Angleterre : qu'on n'espère point son approbation, mais que l'on compte sur sa sagesse.

Eh bien ! Monsieur le rédacteur, il faudra qu'elle

réponde une fois de plus qu'on n'a pas eu tort d'y
compter. Juste retour du sort après de longues
années d'injustice et d'arrogance ! Combien de fois,
depuis nos malheurs, l'Autriche a-t-elle abusé en
Europe de son pouvoir, de notre patience, et de
cette étroite alliance qui unissait contre la liberté
générale les vainqueurs intempérants de 1814 et
1815? Ces excès sont bien loin aujourd'hui, et
nulle puissance ne s'efforce plus honorablement
que l'Autriche de se régénérer par des institutions
libres. Mais au milieu même de ces nobles efforts,
il faut payer ce long arriéré d'orgueil et d'injustice, et écouter patiemment des raisons qu'on ne
peut admettre pour endurer convenablement ce
qu'on ne peut souffrir.

Il y a de grandes leçons dans un tel spectacle,
et l'Italie qui s'élève à la faveur de cette faiblesse,
fera bien d'en méditer les causes. Qu'elle soit juste
et libérale; qu'elle ne laisse point approcher d'elle
la contagion du despotisme, qu'elle n'accepte aucun maître absolu parlant en son nom ou au nom
de la multitude; si Dieu lui accorde enfin de longues années, qu'elle entoure de respect, même au

milieu de ses discordes, les citoyens illustres qui l'auront bien servie et dont le caractère l'aura honorée aux yeux du monde. S'ils siégent dans ses Parlements, qu'elle les écoute comme l'Angleterre écoute aujourd'hui avec une vénération affectueuse lord Lyndhurst, lord Brougham et quelques autres débris de cette génération vigoureuse; s'ils se tiennent à l'écart, qu'elle respecte leur retraite, qu'elle témoigne à leur vieillesse une noble gratitude, qu'elle mette son honneur à veiller à leur repos.

Croyez-vous, Monsieur le rédacteur, que nous verrons M. le duc de Broglie en police correctionnelle? C'est ce que tout le monde se demande aujourd'hui, sans réussir à comprendre comment un ouvrage non publié peut contenir un délit. Nous attendions, avec une légitime curiosité, le débat qui devait s'engager devant la justice, sur la question de savoir si la circulaire du 13 mai 1861 avait force de loi, et si ce pouvoir nouveau de saisir et de garder administrativement les livres, faisait partie de notre droit public.

Il faut croire que cette thèse a paru difficile à soutenir, puisqu'on a tenté de régulariser la saisie

administrative, en intentant une poursuite judiciaire. Mais la poursuite est-elle plus régulière que
la saisie, et un ouvrage non publié peut-il donner
lieu à une action judiciaire? Voilà la question qui
reste à résoudre, et en attendant qu'on ait découvert quelque solution nouvelle, c'est l'irrégularité
de cette poursuite qui frappe les yeux de tout le
monde. Les véritables auteurs de la publicité donnée à l'ouvrage de M. de Broglie, c'est le préfet de
police qui a enlevé les exemplaires, c'est le juge
d'instruction et quelques autres personnes favori-
sées qui les ont parcourus; c'est M. Billault qui en
a cité une phrase à la tribune, ce sera peut-être le
ministère public qui en lira des pages à l'audience,
mais à coup sûr, ce n'est point M. de Broglie, ni son
lithographe, qui ne sont pour rien dans cette publicité et qui ont légalement le droit de s'en plaindre.

Une ordonnance de non-lieu paraît être l'issue
la plus probable d'une poursuite aussi difficile à
soutenir que la saisie était difficile à justifier. Si,
cependant, on persiste dans l'impasse où l'on s'est
précipitamment engagé, ce n'est pas le tribunal de
police correctionnelle, mais la Haute-cour de jus-

tice, qui devra connaître du délit imputé à l'illustre accusé. En effet, au temps où subsistait en
France *ce qu'on appelle le régime parlementaire*
(j'emploie l'expression de M. Billault, qui n'a point
gardé, à ce qu'il paraît, de souvenir plus net de ce
temps-là), au temps, donc, où subsistait ce régime, on a eu l'imprudence de nommer M. de Broglie grand-croix de la Légion d'honneur, ce qui,
aux termes de l'article 1er du sénatus-consulte du
13 juin 1858, range M. de Broglie parmi les jus-
ticiables de la Haute-cour. M. de Broglie n'a point,
on nous l'assure, refusé de répondre au juge d'instruction, ni décliné sa compétence; mais ces actes
préliminaires de l'instruction ne peuvent effacer
l'article du sénatus-consulte qui renvoie M. de
Broglie devant la Haute-cour, et il ne dépend pas
de M. de Broglie de s'y soustraire. Au point de
vue de la juridiction et des formes de la procédure, M. de Broglie n'y gagnera pas grand'chose,
puisqu'en matière de presse il n'y a, devant la
Haute-cour comme partout ailleurs en France, ni
jury, ni publicité, mais la solennité du jugement
ne gâte rien dans cette affaire.

XX

Et la pétition de M. de Montfleury ? — L'Opéra et le Corps législatif. — M. de Broglie et le préfet de police. — Péroraison d'un avocat impérial. — Un courageux censeur.

7 juillet 1861.

Monsieur,

« Ah ! mes gages, mes gages ! Voilà par sa mort
« un chacun satisfait ! Ciel offensé, lois violées,
« filles séduites, familles déshonorées, parents ou-
« tragés, femmes mises à mal, maris poussés à
« bout, tout le monde est content, il n'y a que
« moi seul de malheureux. Mes gages ! mes ga-
« ges ! mes gages ! »

Qui parle ainsi, monsieur le rédacteur ? C'est

l'honnête Sgnanarelle, sur le bord du gouffre où a
disparu Don Juan. Mais ne vous semble-t-il pas
que M. de Montfleury ait le droit de faire entendre
sur le seuil du Luxembourg, vide de sénateurs,
des lamentations aussi pathétiques ? « Ma pétition!
« ma pétition ! Voilà le sénat congédié jusqu'à
« l'année prochaine et il a répondu à tout le
« monde : pétitionnaires qui réclament un bureau
« de tabac, plaideurs mécontents qui demandent
« la réforme du jugement qui les condamne, mi-
« litaires retraités qui implorent l'accroissement
« de leur pension de retraite, alchimistes qui veu-
« lent faire de l'or avec l'or du budget, gouver-
« neurs des astres qui demandent, pour conduire
« le ciel, une commission et une pension du Sénat,
« tout le monde obtient une réponse décisive, un
« *oui* ou un *non* bien clair; et moi, l'on me ren-
« voie à l'année prochaine! Il n'y a que moi seul
« de malheureux! Ma pétition! ma pétition! »

Plaintes injustes, après tout, car l'ajournement
même de la pétition de M. de Montfleury indique
assez que le Sénat l'étudie de son mieux, et que la
légalité du décret qu'on lui défère ne paraît pas

aussi claire que le jour. S'il en était autrement,
aurait-on tardé d'un instant à venir annoncer cette
bonne nouvelle et à donner une austère leçon de
droit constitutionnel au pétitionnaire? Cherche-
rait-on un moyen de tout concilier, ou du moins
de retarder la décision finale? Il est permis d'en
douter, et M. de Montfleury peut croire, sans trop
d'illusions, qu'en promettant de lui répondre l'année prochaine, on lui a implicitement répondu.

Que fera-t-on l'année prochaine? Il n'est pas
impossible qu'on présente au Corps législatif, sous
forme de loi, le décret accusé d'être inconstitutionnel, et qu'il reçoive ainsi, mais un peu tard,
la sanction qu'on avait oublié de lui donner. Le
Corps législatif pourra bien témoigner autant de
regrets sur cette présentation tardive, qu'il en a
exprimé naguère en votant la construction du nouvel Opéra; mais qui pourrait blâmer ces homma-
ges platoniques à la légalité, qui maintiennent le
culte de la loi dans les âmes sans faire obstacle à
la prompte expédition des affaires?

Rien n'était d'ailleurs plus instructif que de voir
l'Opéra et le Corps législatif en présence, et ce

n'est pas calomnier le public que d'insinuer qu'il paraissait prendre plus d'intérêt à la construction du nouvel Opéra qu'au maintien des priviléges de cette puissante assemblée. N'entendez-vous point tout le monde répéter qu'il nous faut enfin un Opéra digne de la France, et n'est-ce point le sentiment universel que le jour est venu de montrer à tout l'univers qu'en fait d'Opéra nous sommes loin de la décadence? Les étrangers sont en ce point plus passionnés et plus ardents pour notre gloire que nous-mêmes; et si l'on avait cherché à distinguer parmi ceux qui, l'hiver dernier, nous ont honorés de leur visite, ceux qui venaient pour le Corps législatif et ceux qui venaient pour l'Opéra, je tremble de dire que, dans ce compte si facile à faire, l'Opéra eût sans doute pris le pas sur notre Parlement.

Les étrangers expliquent de plusieurs façons leur singulière préférence. Ils prétendent que nous déployons mieux notre génie dans l'arrangement de notre scène que dans les débats de nos assemblées; qu'il y a plus de vie, plus de mouvement, plus d'éclat d'un côté que de l'autre : « Quelle

« séance de votre Parlement, disent-ils, a été aussi
« agitée, aussi vive, aussi efficace et aussi prompte
« dans ses résultats que les trois représentations de
« *Tannhauser?* En quel endroit la force de l'opinion
« s'est-elle manifestée avec plus de liberté et plus
« de puissance? On voit bien que les acteurs et les
« auteurs sont responsables devant le public qui
« juge, punit et récompense. Songez encore que
« l'Opéra ne se repose qu'un jour sur deux et que
« sa session dure toute l'année. Il est vrai que des
« deux côtés nous voyons les principaux acteurs
« revêtir successivement divers costumes et tenir
« successivement divers langages, que des deux
« côtés le chœur est unanime et ne souffre aucune
« discordance; mais la musique fait, en faveur de
« l'Opéra, une sensible différence, et aussi (pour-
« quoi ne pas l'avouer ?) ce grand nombre de
« jolies figures qu'on chercherait inutilement
« d'un côté, et qu'on trouve si facilement de
« l'autre. »

Voilà les raisons qu'ils nous donnent, et ils
ajoutent que de toutes les suppressions qu'on
pourrait faire en France, la suppression de l'O-

péra est celle dont l'Europe serait le plus vivement touchée.

Gardez-vous de croire, Monsieur, que je sois de leur avis et que je ne continue point à mettre dans les progrès de notre Parlement toutes mes espérances. Je regrette, à ce point de vue, qu'un Parlement nouveau ne soit pas convoqué, comme on nous avait quelque temps permis de le croire. Mais dans ce discours célèbre, où M. Billault a traité si durement ceux qui changent d'opinion, on nous a déclaré que la Chambre actuelle épuiserait son mandat. Cette déclaration a été faite au moment même où s'achevaient les élections pour le renouvellement partiel des conseils généraux, et puisqu'elle a été retardée jusque-là, malgré les questions pressantes de plusieurs députés, nous avons lieu de croire qu'elle exprime une détermination récente.

Nous n'en chercherons point les causes, mais nous reconnaissons bien volontiers que la lutte électorale a été plus animée et plus féconde en incidents instructifs que ne le prétendent les journaux qui voudraient en diminuer l'importance.

Certes, on n'a point vu dans l'arène autant de candidats libéraux qu'on aurait pu le souhaiter, et l'on
a laissé échapper ainsi plus d'une victoire. Mais
ceux qui blâment l'inertie d'autrui en pareille matière, en parlent bien à leur aise et ignorent, sans
doute, ce qu'il faut d'abnégation, de loisir et de
patriotisme pour se lancer dans une lutte déses-
pérée contre toutes les autorités d'un canton, qu'a-
nime au combat l'autorité la plus haute du département. Ce n'est point entre deux candidats, mais
entre un candidat et l'autorité que se fait la guerre,
et ce genre de guerre est le plus coûteux, le plus
laborieux, le plus pénible qu'on puisse imaginer.
Mais de si grands efforts de la part de l'administration ont une action inévitable sur le jugement
public : c'est grâce à ces efforts que l'échec d'un
candidat indépendant paraît un événement si naturel et pour ainsi dire si prévu, qu'il ne fait point
le moindre tort à sa cause, tandis que le moindre
succès remporté dans de telles conditions, devient aux yeux de tous une étonnante victoire.
M. de Mornay, M. Casimir Périer, M. Vingtain,
d'autres encore ont passé comme par miracle

à travers ces redoutables obstacles. D'autres
ont succombé comme M. Estancelin après une
belle défense. La défaite des uns ne les laisse pas,
après tout, dans un pire état qu'auparavant ; mais
que dire de la situation des autorités locales après
la victoire des autres? Et quel profit l'autorité
centrale peut-elle trouver à souffrir qu'on mette
ainsi aux voix dans chaque canton, par des proclamations imprudentes, l'Empire, la Constitution,
l'Empereur, en un mot, ce qui doit rester étranger
à nos luttes électorales, ce qu'aucun candidat de
l'opposition n'oserait mettre en cause, et ce qui ne
doit dépendre en aucune manière du résultat de
l'élection.

Quoi qu'il en soit, ces élections ont montré,
avec tous leurs incidents regrettables, ce que pourraient accomplir l'énergie personnelle et la ferme
revendication du bon droit dans l'arène électorale.
L'issue de la poursuite judiciaire, engagée contre
M. de Broglie, nous a donné un exemple non moins
salutaire. Nous avions prédit l'ordonnance de non-
lieu qui vient d'être rendue, n'imaginant pas qu'un
livre non publié pût mener son auteur en police

correctionnelle ou devant une Haute-cour; mais ce qui a plaidé en faveur de l'illustre accusé, ce n'est pas seulement l'évidence de son droit, c'est la tranquille résolution qu'il a montrée pour le maintenir, c'est sa détermination bien prise et bien connue de défendre jusqu'aux dernières extrémités la liberté de la pensée mise en question dans sa cause.

Voilà donc un procès qui tenait l'attention publique en éveil, prématurément et heureusement terminé. Il en est un autre, plus bruyant, qui se poursuit et qui s'achève, et auquel je ne veux toucher que pour signaler à vos lecteurs cette conclusion philosophique du réquisitoire de l'avocat impérial :

« L'audace, l'habileté, la mauvaise foi, peuvent
« un instant prévaloir; les lois éternelles semblent
« vaincues et assouplies sous la main d'un maître.
« L'homme a grandi peu à peu, il a ses complai-
« sants et ses flatteurs; son succès est devenu un
« argument pour les contempteurs du juste et de
« l'honnête. Il a escaladé la fortune... il paraît si
« haut placé qu'il est à l'abri de tout ébranlement,

« quand tout à coup son échafaudage s'écroule tout
« entier, il tombe et il ne lui reste que la honte
« et la confusion. Tout ce qui est fondé sur la
« fraude est prédestiné à périr ; c'est le vœu de la
« moralité éternelle et de la justice [1]. »

N'est-ce pas là une morale élevée, éloquente et
n'est-on pas heureux de l'entendre professer si
hautement par la magistrature ? Dieu me garde de
prétendre, monsieur le rédacteur, que cette morale trouve son application dans l'affaire actuelle
et qu'elle atteigne l'accusé. Vous ne me verrez
point figurer parmi ces impitoyables et ardents
censeurs qui saisissent mal à propos, et faute de
mieux peut-être, une occasion si précieuse de nous
donner, par l'âpreté de leur indignation, une haute
idée de leur délicatesse. C'est une preuve de vertu
qui ne leur coûte rien et qui d'aucune façon ne
peut leur nuire. Il en est dont la sainte colère est
aussi inépuisable que les ressources de la France
et va, comme le budget, grossissant de jour en
jour. Vous nommerai-je le plus ardent, le plus

---

[1] *Moniteur* du 4 juillet.

dur, le plus inconvenant parmi ces croisés de la
dernière heure contre l'avidité du siècle? A quoi
bon? Voici d'ailleurs un mot qui le peint à ravir
et qui peut vous aider à le reconnaître: « Il aime,
dit-on, à racheter ses faiblesses par des actes sans
courage. »

XXI

Une leçon de littérature. — Du panégyrique. — De l'hyperbole. — De la
gradation. — M. de Vaublanc est-il bien mort.

8 septembre 1861.

Monsieur,

Ce n'est point des affaires publiques, mais simplement de mes lectures que je veux vous entretenir, et, à vrai dire, la politique n'offrirait aujourd'hui à nos réflexions qu'une bien maigre
pâture. Tout se remue autour de nous, si l'on
veut, mais rien ne change ; il semble qu'en tout
pays on piétine sans avancer, et mieux vaudrait
pour le spectateur une immobilité complète que

16.

cette agitation stérile. La main protectrice du
gouvernement français est toujours étendue sur
ce qui reste du saint-siége, tandis que de l'autre
main il salue affectueusement le nouveau roi d'Italie. L'Italie soupire toujours pour Venise et pour
Rome; la Hongrie et l'Autriche échangent toujours des menaces et des prières; l'Angleterre
cherche toujours à prévenir des annexions qu'elle
se sent hors d'état d'empêcher; enfin chacun garde
sa place et joue son rôle avec une monotonie
désespérante; on dirait une de ces tapisseries
d'autrefois où Abraham est toujours sur le point
de sacrifier Isaac. Le bûcher est préparé, la victime étendue sous le couteau, mais la main du
patriarche reste en l'air, et l'on attend patiemment l'ange qui doit empêcher la consommation
du sacrifice. Détournons, s'il vous plaît, nos yeux
de ces fatigants personnages, et cherchons dans
la littérature la vie et le mouvement qui font défaut aux affaires.

Les discours prononcés à l'ouverture des conseils généraux nous offrent tout d'abord une
ample matière. Ils appartiennent à un genre de

littérature fort apprécié des anciens et qui a fleuri sous les empereurs romains plus qu'à aucune autre époque du monde. C'est le genre *panégyrique*, dans lequel Pline le jeune a excellé. Il est difficile de rivaliser avec un si élégant et si parfait modèle; mais il y a encore des places fort honorables au-dessous de Pline le jeune. Le premier rang parmi ces modernes imitateurs appartient sans contestation à M. de la Guéronnière. Il a fait une application fort ingénieuse, dans son dernier discours, de cette règle du panégyrique qui prescrit de relever l'éloge du présent par la critique du passé. Pline lui offrait sur ce point d'admirables exemples. « C'est encore un de tes « bienfaits, dit-il à Trajan, que nos testaments « soient respectés, que tu ne sois pas l'héritier « de tout le monde, tantôt parce qu'on te nomme, « tantôt parce qu'on ne te nomme pas. Les ci-« toyens te choisissent librement pour héritier au « lieu de te subir par contrainte. Ton père a ré-« pandu beaucoup de bienfaits, et toi de même. « Ceux qui les ont reçus sont-ils morts sans té-« moigner leur gratitude? leurs héritiers jouissent

« pourtant en paix de ces richesses, et rien ne
« t'en revient, si ce n'est la gloire de les avoir
« données. Mais, *avant toi*, qui a jamais préféré à
« l'argent ce genre de gloire? Quel prince s'est
« même contenté de regarder comme son bien
« cette partie de nos patrimoines qui nous venait
« d'eux? Les présents des Césars ne ressemblaient-
« ils pas à des hameçons armés d'une amorce à
« des filets recouverts d'un appât? Mêlés aux
« fortunes particulières et y fructifiant, ces pré-
« sents emportaient avec eux, en se retirant, tout
« ce qu'ils avaient touché. »

L'orateur français est naturellement resté bien
loin de ces spirituelles images. On ne trouve ni
hameçon ni filet dans son discours. Sa métaphore
favorite est celle des *bases*, si fort à la mode de
nos jours, et il faut convenir que cet affreux mot
de *base*, avec son inévitable compagnon le bar-
barisme *baser*, joue un rôle de plus en plus considérable dans la littérature contemporaine. M. de
la Guéronnière a donc comparé les bases de nos
anciens gouvernements avec la base du gouvernement actuel. Ils n'avaient tous que des bases in-

suffisantes : celui-ci était insuffisamment *basé* de ce côté, celui-là de cet autre ; mais voici enfin un gouvernement *basé* comme il faut et posé bien également sur tout le monde. Qui peut le nier et qui peut le savoir mieux que M. de la Guéronnière ? Il y aura bientôt dix années qu'il s'est aperçu de l'étroitesse ou de l'instabilité des bases précédentes et de la solidité de la base actuelle. Ce discernement ne lui a pas nui ; pourquoi ne nous engagerait-il pas à profiter de son expérience ?

Il est, vous le savez, une autre figure plus indispensable encore que la comparaison dans le panégyrique, et semée à pleines mains dans les beaux modèles de ce genre que nous a laissés l'antiquité : c'est l'hyperbole. L'hyperbole ne fait donc point défaut dans le discours de M. de la Guéronnière, et nous ne pouvons que l'en féliciter ; mais s'il est permis d'appeler un brave général *un lion*, ou une jeune fille mélancolique *un lis penché sur sa tige*, est-il permis, sans violer les règles d'une sage rhétorique, de pousser l'hyperbole jusqu'à appeler le décret du 24 novem-

bre *la concession de la liberté politique?* Il suffit de
songer au sens vrai et généralement accepté de ce
mot de liberté pour comprendre quelle violence
on fait éprouver au langage français en appliquant
une expression si ambitieuse au décret du 24 novembre. Ce décret nous a concédé le droit de
lire les séances législatives et le plaisir d'entendre, une fois par an, discuter une adresse sur
les faits accomplis. Rien de plus, rien de moins.
Que ce soit quelque chose et quelque chose de
précieux, j'ai été le premier à le reconnaître et
je ne songe pas à m'en dédire. Mais il n'est jamais, je l'avoue, entré dans ma pensée qu'on pût
couvrir de ce grand mot ces humbles conquêtes,
ni parler de liberté politique en l'absence d'un
ministère responsable présent au Parlement et
soumis à sa majorité. L'hyperbole est donc ici
excessive; et, en me tenant au point de vue littéraire, qui est exclusivement le mien en cette circonstance, je ne puis laisser passer cette faute
de rhétorique sans la relever, de peur qu'elle
ne fasse école et que d'imprudents écrivains ne
l'imitent.

M. de Morny a été beaucoup plus habile en disant, à propos du même décret, *les libertés*, évitant ainsi le sens trop compréhensif et trop inexact que le mot emporte avec lui si on l'emploie au singulier. Les *libertés*, cela s'applique à tout et peut prendre dans l'esprit du lecteur la proportion convenable au sujet. On peut, en effet, sous-entendre l'épithète qui convient le mieux dans la circonstance, telle que les modestes libertés, les petites libertés du 24 novembre. Mais M. de Morny a choisi une épithète infiniment plus heureuse que celles-là et d'une incontestable justesse. Il a dit : « les libertés *octroyées*; » — et j'avoue ne pas comprendre un mot aux réclamations que ce mot a soulevées. Je voudrais bien apprendre si les âmes fières que ce mot a blessées s'imaginent avoir conquis les libertés, puisque libertés il y a, accordées par le décret du 24 novembre; je voudrais bien voir la figure de ces redoutables combattants, qui ont arraché cette grande concession au pouvoir; et sans pousser si loin mes exigences, je voudrais qu'on présentât simplement le prophète qui savait le 22 le cadeau

qu'on lui offrirait le 24. Et ce qu'on vous donne
sans que vous ayez aucun moyen de le prendre,
et lorsque vous pouviez à peine balbutier pour le
demander, et que vous n'espériez pas même le
recevoir, on ne vous l'a pas *octroyé!* C'est une
étrange susceptibilité que celle qui se révolte contre les mots en acceptant les choses. Pour moi,
monsieur le rédacteur, j'avoue humblement que
j'ai été surpris par le décret du 24 novembre, et
qu'on me l'a *octroyé* quand je ne m'y attendais
guère. Si c'est une humiliation, j'en réclame ma
part avec toute la France, et ce n'est pas en m'in-
surgeant contre la grammaire que j'essayerai de
m'en consoler.

Le discours de M. de Morny n'est pas seulement
remarquable par la justesse des mots, monsieur le
rédacteur ; il offre un exemple heureux d'une
image féconde en beautés chez nos anciens auteurs
et trop négligée dans la littérature contemporaine.
Je veux parler de la *gradation* qui consiste, vous
le savez, à mettre des idées ou des images de plus
en plus fortes les unes à la suite des autres, de
manière à produire sur l'esprit de l'auditeur une

impression de plus en plus vive. C'est dès la première phrase de son discours que M. de Morny a
employé fort à propos cet innocent et ingénieux
artifice : « Les embarras intérieurs, a-t-il dit,
« qui n'épargnent presque aucune des grandes
« puissances de ce monde en ce moment, et par-
« dessus tout la parole de l'empereur Napoléon,
« éloignent toute appréhension de guerre. »

Pour sentir la beauté de cette gradation, il
suffit, vous le comprenez, d'en détruire l'effet en
intervertissant l'ordre des pensées. Supposez que
M. de Morny ait dit : « La parole de l'empereur
Napoléon et les embarras intérieurs, etc., » voilà
la gradation détruite et avec elle disparaît le bel
effet de cette phrase. Rétablissez, au contraire, la
sentence dans son ordre naturel ; dites d'abord
les *embarras intérieurs* et ensuite la *parole*, et
vous sentez aussitôt que l'orateur, donnant de
sa conviction des raisons de plus en plus fortes,
va entraîner la vôtre et ne vous laisse aucun moyen
de lui échapper.

Voilà la véritable éloquence, monsieur le rédacteur, mais c'est assez parler de discours aujour-

d'hui ; je veux vous entretenir de deux beaux volumes que j'ai lus avec plaisir, et qui peuvent être lus avec profit par tout le monde. C'est une excellente histoire de Royer-Collard que M. de Barante a eu la bonne idée d'écrire en y insérant à leur place tous les discours de cet illustre citoyen. Mon ami, M. Vingtain, avait déjà fait quelque chose d'analogue, mais ce nouveau travail, sans rendre le sien inutile, ne laisse plus rien à désirer. Royer-Collard y revit tout entier avec son éloquence dogmatique et son noble caractère. Il était fier, mais d'une légitime fierté ; vous savez sans doute qu'il répondit en riant : « Comte vous-même ! » à quelqu'un qui voulait le faire nommer comte. C'est un de ses bons mots, mais ce n'est pas le meilleur. Quant à ses discours, que vous en dire, si ce n'est que la raison y est éloquente, que le sentiment de la justice les conduit, que l'amour éclairé de la liberté les anime ? Qui a mieux démontré que lui la nature du pouvoir électoral, le caractère laïque de la loi, la nécessité d'une magistrature indépendante, les conditions essentielles de la liberté de la presse et la raison

souveraine qui doit la faire exclusivement relever
du jury, les dangers d'une centralisation excessive,
et de cette influence prépondérante que la distribu-
tion des travaux publics attribue au gouvernement? Toutes ces vérités élémentaires et bien
d'autres, sur le jeu des pouvoirs publics dans
un gouvernement libre, sont exposées dans ses
discours avec une abondance et une clarté qui
permettent encore aujourd'hui d'appeler ces deux
volumes un excellent manuel du gouvernement
représentatif.

Vous savez à quels ennemis il eut affaire, depuis les partisans de la Terreur jusqu'aux *ultra* de
la chambre introuvable, jusqu'aux signataires des
ordonnances de Juillet. Il réfuta les sophismes des
uns et les sophismes des autres. Hélas ! s'il revenait en ce monde, combien de ces sophismes il
retrouverait debout ! Peut-on dire que M. de Vaublanc soit mort, lui qui disait en propres termes : « Quel pouvoir plus important que le pou-
« voir électoral? quel pouvoir serait plus dangereux
« pour la couronne s'il abusait de son influence ?
« Il faut donc que ce pouvoir soit subordonné

« et dépendant. » N'entendez-vous pas cela tous
les jours et ne pille-t-on pas indignement M. de
Vaublanc? Écoutez maintenant Charles X : « En
« Angleterre, les ministres gouvernent; ainsi ils
« doivent être responsables : en France, c'est le
« roi qui gouverne, il consulte les Chambres, il
« prend en grande considération leur avis ; mais
« quand le roi n'est pas persuadé, il faut bien que
« sa volonté soit faite. » Et il ajoutait fièrement :
« J'aimerais mieux scier du bois que d'être roi aux
« conditions du roi d'Angleterre (vol. II, 379). »
Dites-moi, monsieur, ces sentiments et ces discours sont-ils tout à fait hors d'usage? Ce n'est
pas à coup sûr au point de rendre inutile l'excellente publication de M. de Barante.

Comment oublier cependant que Royer-Collard
lui-même s'est laissé aller en 1816, en face d'une
Chambre enivrée de son pouvoir et plus royaliste
que le roi, à louer le système consultatif et à chercher des différences entre la Charte et le gouvernement parlementaire? Il en a été amplement puni,
monsieur le rédacteur. Il n'y a pas deux ans que
je ne sais quel journal, célébrant les beautés du

système consultatif, s'est couvert du grand nom de Royer-Collard et a réimprimé tout vif ce téméraire discours. Il est vrai que ce même Royer-Collard a rédigé l'Adresse des deux cent vingt et un, et que toute sa vie proteste contre un jour d'erreur. Mais la leçon n'en est pas moins profitable, et nous la recommandons aux orateurs qui se sentiraient trop enclins de nos jours à la doctrine et à la théorie. On risque peu de chose à louer des faits ; mais les ériger en théorie au risque de se désavouer cruellement plus tard, c'est une faiblesse qui, dans notre pays sujet à de brusques caprices, est souvent féconde en repentirs. Heureux alors celui qui peut, comme Royer-Collard, porter légèrement un changement de doctrines dont la franchise désintéressée n'est suspectée par personne, et regarder en face ses contemporains et la postérité !

XXII

Sur cette parole de Tacite, qu'« Asinius Pollion regardait la pauvreté comme
le pire des maux. »

22 septembre 1861.

Monsieur,

En parcourant ces jours-ci Tacite (je ne puis
me persuader que c'est une mauvaise lecture)
je rencontrai sur mon chemin un épisode qui,
soixante-deux ans après Jésus-Christ, pendant la
septième année du règne de Néron, avait vivement
ému la haute société de Rome. Tacite raconte,
en passant, que Valerius Fabianus et Marcellus
Asinius se trouvèrent compromis ensemble dans
une affaire de faux testament. Cet Asinius n'était
rien moins que le petit-fils d'Asinius Pol-

lion, et l'on ne put se résoudre à traîner ce grand nom devant un tribunal. On arrangea donc l'affaire, ce qui souffrait peu de difficultés dans ce temps-là ; on annula le testament, on gronda Asinius Pollion, on l'invita même à ne plus s'y faire reprendre, et tout le monde fut content. Tout le monde, excepté Tacite, qui raconte avec tristesse cette histoire et qui ajoute un seul mot : Pollion n'était pas un méchant homme; ce qui le perdit, c'est qu'il regardait la pauvreté comme le pire des maux, *paupertatem præcipuum malorum credebat.*

J'ai bien lu dans ma vie vingt fois ce passage, monsieur le rédacteur, mais cette fois il m'éblouit comme un vif éclair, et je ne pouvais en détacher mes yeux. Voilà bien le grand mot lâché, me disais-je, et il explique tout dans sa brièveté éloquente.

Qu'est-ce qui, en effet, nous gouverne dans le monde, qu'est-ce qui détermine le train ordinaire de nos actions et jusqu'à la couleur habituelle de nos pensées, si ce n'est notre opinion sur les biens et les maux de la vie ? C'est

dans ce sens aussi, c'est en nous-mêmes que
l'opinion est la véritable reine et qu'elle rem-
porte la dernière victoire. Une fois notre sentiment arrêté sur ce qui est le plus grand des
des biens et sur ce qui est le plus grand des
maux, notre course en ce monde est réglée par
la double influence de ce qui nous attire et de
ce qui nous repousse. Nous allons d'un mouvement naturel, et sans qu'il soit besoin d'un
raisonnement intérieur, vers le souverain bien
tel qu'il s'offre à notre intelligence. Notre cœur
s'échauffe à sa vue, de quelque côté que nous
ayons cru l'entrevoir, et nulle théorie n'est nécessaire pour nous emporter à sa rencontre. Nous
marchons du même pas vers la vertu la plus
haute ou vers le plus vil abaissement.

Si nous voyons le souverain bien dans la satisfaction de notre conscience, dans l'accomplissement du devoir, dans le maintien de notre
indépendance, nous y marchons avec allégresse,
et rien de ce que la poursuite de ce souverain
bien nous coûte ne nous paraît mériter le nom
de sacrifice. Si nous voyons le souverain bien

de l'autre côté, nous nous laissons rouler vers ces profondeurs avec délices, et aucune des taches qui nous atteignent ne paraît mériter le nom de souillure. La seule chose à craindre est de ne point toucher le but; rester en chemin, voilà le plus grand des maux : *Præcipuum malorum.*

Or, quelle pouvait être l'opinion d'un habitant de Rome, en l'année 62 de l'ère chrétienne, sur la théorie des biens et des maux? Quelle leçon lui donnait cette grande cité qu'Auguste avait trouvée de pierre, qu'il avait laissée de marbre, et que Néron, épris de l'extraordinaire, *incredibilium cupitor,* ne pouvait pourtant se résoudre à croire digne de lui? Que voyait-il écrit sur tous les murs, que lui disait la bouche de marbre ou de bronze de tant de statues élevées sur la place publique; que lui enseignait la prodigieuse fortune d'un Narcisse, d'un Pallas et de tant d'autres indignes arbitres des destinées de Rome, si ce n'est que le souverain bien n'était point du côté du devoir et que le succès justifiait tout?

Élevé dans cette florissante école, abreuvé de

ces exemples, pénétré de ces maximes, l'in-
fortuné Pollion était-il si coupable? Pour moi,
je lui aurais accordé les circonstances atténuantes;
bien plus, j'aurais voulu être un instant à sa place et
plaider devant Néron sa cause : « Grand Prince, au-
« rais-je dit, soyez équitable, et ne me jugez point
« d'après les livres des anciens, qui n'ont aucun rap-
« port avec nos affaires. Point de pédanterie, de
« grâce, et laissons aux érudits les vieilles
« maximes et les vieilles lois. N'est-il point re-
« connu de nos jours qu'être vaincu, même
« lorsqu'on a tort, est le plus grand des maux?
« Votre ancêtre César a-t-il pensé autrement
« lorsqu'il a passé le Rubicon plutôt que de
« redescendre au rang de simple citoyen, comme
« l'ordonnait le Sénat? Votre aïeul Auguste,
« a-t-il raisonné autrement en faisant sa jonc-
« tion avec Antoine et en achevant la répu-
« blique à Philippes? Je vous vois sourire, et
« vous murmurez qu'il ne s'agit point de si
« grandes affaires. Veuillez considérer que je
« suis un pauvre homme sans génie, et que
« je ne puis aspirer aux faisceaux, ni aux dic-

« tatures. C'est sur la fortune d'autrui que je
« tente humblement mes conquêtes. Je passe
« le Rubicon des testaments, je livre ma ba-
« taille de Pharsale aux coffres-forts, et la
« fausse manœuvre qui a compromis ma vic-
« toire mérite plutôt votre pitié que votre colère.
« Mon ennemi, à moi, c'est la pauvreté ; le plus
« grand des maux, pour moi, c'est la ruine ; ma
« fortune, c'est mon commandement et mes légions,
« et je ne puis endurer l'idée de la perdre. Vous-
« même, Prince, n'avez-vous point jugé tout récem-
« ment que le plus grand des maux c'était la pro-
« longation de la vie de votre mère? Vous vous
« êtes donc débarrassé de ce mal-là, et vous
« avez bien fait. Il y a aujourd'hui quelques
« pédants qui vous donnent tort, mais je sais
« et je vous annonce qu'il viendra un jour quel-
« qu'un qui écrira un gros volume pour vous
« donner raison. Il me justifiera aussi, je l'es-
« père ; mais devancez à mon égard, Prince, le
« jugement de la postérité ; renvoyez-moi absous,
« et faites mieux encore : en considération de
« ma belle défense, rendez-moi l'argent. »

C'est de bonne foi, Monsieur le rédacteur, que Pollion eût pu tenir cet étrange discours; et vous en seriez moins surpris si vous pouviez avoir une exacte idée de l'existence artificielle dans laquelle finissent par se mouvoir ceux qui, ayant absolument perdu de vue le juste et l'honnête, ne songent plus qu'à éviter la pauvreté. Il ne s'agit pas ici de ce désir équitable et modéré du bien-être et des plaisirs de la vie qui n'a point envahi l'âme au point d'en chasser tout le reste, et qui ne la rend nullement incapable d'honneur et de vertu. Combien de délicats, combien de voluptueux ont encore la force de renoncer à leurs plaisirs les plus chers s'il faut opter entre un changement de vie et une bassesse! C'est que le malaise intérieur que leur causerait la perte irréparable de leur propre estime ou de celle du monde, l'emporte encore en eux sur la crainte de la pauvreté; cet intolérable malaise est à leurs yeux un plus grand mal; en un mot, ils ne rentrent pas dans la définition de Tacite; on ne peut encore dire d'eux : *paupertatem præcipuum malorum credunt*. Ce n'est point de ceux-là que je veux parler.

Je songe à un homme bien pénétré, par l'habitude de sa vie et par le cours habituel de ses pensées, de l'horreur de la pauvreté. Il s'est formé en lui, avec le temps, une sorte de conscience artificielle, aussi prompte que l'autre dans ces instincts, aussi vive dans ses mouvements; quant à l'autre, il ne la connaît plus, il ne saurait s'en servir ni même la voir; il ressemble à un homme accoutumé à vivre à la lumière des bougies au point de ne plus rien distinguer à la clarté du soleil. Sa vue intérieure étant ainsi pervertie, non-seulement il voit dans la pauvreté le plus grand des maux, mais il ne peut même se résoudre à l'admettre un instant comme possible dans la suite de ses affaires ou parmi les résultats de sa conduite. Je ne sais quel homme d'État avait coutume de dire : « Je ne discute point avec quelqu'un qui « ne reconnaît point la nécessité de maintenir « l'empire ottoman. » Eh! bien, Monsieur le rédacteur, l'homme que je parle suit instinctivement une règle analogue dans ses délibérations intérieures. Lorsqu'il a quelque parti à prendre, il n'envisage même pas la combinaison qui pourrait

avoir pour résultat de le rendre pauvre : celle-là
est écartée, condamnée, sans même mériter l'honneur d'un examen; elle est impraticable et il en faut
une autre.— Quelle autre? — Toute autre vous dis-
je, est préférable.— Quoi même?...— Oui, même
cela. Ce n'est pas encore le plus grand des maux.
Le plus grand des maux, c'est la pauvreté.

Voilà ce qui perdit Asinius Pollion et tant d'autres personnages dont Tacite a gardé la mémoire.
Bénissons le ciel, Monsieur le rédacteur, de vivre
dans un temps si éloigné de ces tristes maximes.
Plus heureux que Pollion, ne sommes-nous pas entourés et comme assaillis de bons exemples? N'a-
vons-nous pas les oreilles rebattues des succès
des gens de bien et de la victoire constante de
l'honnêteté, soit dans les affaires particulières, soit
dans les affaires publiques? Ne voyons-nous pas
la modération, la bonne foi, l'honneur l'emporter
presque en toute chose, et ne faudrait-il point le
plus malheureux naturel pour résister à cette contagion bienfaisante? Ah! Monsieur le rédacteur,
nous respirons une atmosphère trop pure; nous
ne sommes pas assez tentés pour acquérir quel-

que mérite; la vertu nous est trop facile, et ma seule crainte est que nous n'en soyons pas récompensés.

FIN.

INDEX

DES NOMS PROPRES CITÉS DANS CET OUVRAGE.

FIN DE L'INDEX

TABLE DES CHAPITRES

FIN DE LA TABLE DES CHAPITRES.